时代印记

王志艳◎编著

寻找

韩信

延边大学出版社

图书在版编目（CIP）数据

寻找韩信 / 王志艳编著 . —延吉 : 延边大学出版
社，2013.8(2020.7 重印)
ISBN 978-7-5634-5900-1

Ⅰ . ①寻… Ⅱ . ①王… Ⅲ . ①韩信（前 228 ~ 前 196）
—传记—青年读物②韩信（前 228 ~ 前 196）—传记—青年
读物 Ⅳ . ① K825.2-49

中国版本图书馆 CIP 数据核字 (2013) 第 210012 号

寻找韩信

编著：王志艳
责任编辑：李　宁
封面设计：映像视觉
出版发行：延边大学出版社
社址：吉林省延吉市公园路 977 号　邮编：133002
电话：0433-2732435 传真：0433-2732434
网址：http://www.ydcbs.com
印刷：唐山新苑印务有限公司
开本：690×960　1/16
印张：11 印张
字数：100 千字
版次：2013 年 8 月第 1 版
印次：2020 年 7 月第 3 次印刷
书号：ISBN 978-7-5634-5900-1
定价：29.80 元

前言

　　历史发展的每一个时代，都会有对后世产生巨大影响的人物，都会有推动我们前进的力量。这些曾经创造历史、影响时代的英雄，或以其深邃的思想推动了世界文明的进步，或以其叱咤风云的政治生涯影响了历史的进程，或以其在自然科学领域中的巨大成就为人类造福……

　　总之，他们在每个时代都留下了深深的印记，烙上了特定的记号。因为他们，历史的车轮才会不断前进；因为他们，每个时代的内容才会更加精彩。他们，已经成为历史长河的风向标，成为一个时代的闪光点，引领着我们后人走向更加深邃的精神世界和更加精彩的物质世界。

　　今天，当我们站在一个新的纪元回眸过去的时候，我们不能不提起他们的名字，因为是他们改变了我们的世界，改变了人类历史的发展格局。了解他们的生平、经历、思想、智慧，以及他们的人格魅力，也必然会对我们的人生产生深刻的影响。

　　为了能了解并铭记这些为人类历史发展做出过巨大贡献的人物，经过长时间的遴选，我们精选出一些最具影响力、最能代表时代发展与进步的人物，编成这套《时代印记》系列丛书，其宗旨是：期望通过这套青少年乐于、易于接受的传记形式的丛书，对青少年读者的成长产生潜移默化的影响，使他们能够从中吸取到有益的精神元素，立志奋进，为祖国、为人类作出自己的贡献。

前言

本套丛书写作角度新颖，它不是简单地堆砌有关名人的材料，而是精选了他们一生当中最富有代表性的事迹与思想贡献，以点带面，折射出他们充满传奇的人生经历和各具特点的鲜明个性，从而帮助我们更加透彻地了解每一位人物的人生经历及当时的历史背景，丰富我们的生活阅历与知识。

通过阅读这套丛书，我们可以结识到许多伟大的人物。与这些伟人"交往"，也会进一步提高我们的思想品格与道德修养，并以这些伟人的典范品行来衡量自己的行为，激励自己不断去追求更加理想的目标。

此外，书中还穿插了许多与这些著名人物相关的小知识、小故事等。这些内容语言简练，趣味性强，既能活跃版面，又能开阔青少年的阅读视野，同时还可作为青少年读者学习中的课外积累和写作素材。

我们相信，阅读本套丛书后，青少年朋友们一定可以更加真切、透彻地了解这些伟大人物在每个时代所留下的深刻印记，并从中汲取丰富的人生经验，立志成才。

导 言

Introduction

韩信（约前228—前196），中国古代著名的军事家，西汉王朝的开国功臣，世人将其与萧何、张良并称为"汉初三杰"。韩信也是中国军事思想"谋战"派的杰出人物。在战役中，他十分善于分析敌我双方的长处和短处，然后以己之长击敌之短，创造了众多以少胜多的著名战例。正因为这一点，后世之人往往将其与春秋时期著名的军事家孙武并列，奉其为"兵仙""战神"。

韩信出身寒微，成长于秦始皇统一六国的战争时期。据《史记·淮阴侯列传》记载，韩信年轻时贫困无依，又不善生产，常常需要靠别人接济才能勉强度日，也即《史记》作者司马迁所说的那样——"大丈夫不能自食"。尽管连肚子都填不饱，但韩信却用心地学习了兵法和剑术，积极准备建功立业。

秦二世元年（前209），陈胜、吴广在大泽乡拉开了中国农民第一次武装起义的序幕。一时间，群雄并起，天下大乱。正所谓"乱世出英雄"，在"秦失其鹿，天下共逐之"的乱世中，项梁、项羽、刘邦、英布、彭越、张耳、陈余等一大批英雄豪杰涌现出来。他们纷纷聚众起事，共反暴秦。

在审时度势之后，韩信投靠了楚国贵族之后项梁。遗憾的是，这位身怀奇才的青年并未得到项梁的重用，只是充当了一名冲锋陷阵的普通士卒。项梁死后，韩信又转归项羽帐下，被提拔为披坚执锐的郎中，即贴身侍卫。然而在项羽帐下两年多，韩信依然未能得到赏识。

汉高祖元年（前206），暴秦灭亡，韩信投靠了汉王刘邦，终于开始了他一生中最富传奇色彩、最为光辉的岁月。在此后短短的4年中，韩信"明修栈道，暗度陈仓"，一举平定三秦；"木罂渡河"，俘虏了西魏王豹；"背水

陈兵",攻灭了赵国,迫降了燕国;"水淹楚兵",平定了齐国;"四面楚歌",击溃了项羽……

对于这些盖世功绩,时人赞誉他为"国士无双""功高无二,略不世出";宋代著名的史学家司马光更是赞誉他说:"汉之所以得天下者,大抵皆韩信之功也!"

然而,富有军事才华的韩信在政治上却十分幼稚。因过于重情重义、信守承诺的个性特点,他不能忘记刘邦对自己的知遇之恩,始终不愿背汉自立,到最后终于落了个"功成身死"的悲惨结局。

本书从韩信的幼年生活开始写起,一直追溯到他在中国军事史上所创造的伟大奇迹,再现了这位中国古代杰出军事家极富传奇而又悲剧色彩的一生,旨在让广大青少年朋友了解这位常胜将军所具备的杰出军事才能和用兵艺术,并从中汲取他那种执著、勇敢、忠义的精神,同时也对他的是非功过进行辨证的评价。

目录
contents

时代印记　目录

第一章　出身寒微

胆力绝众，才略过人，是谓骁雄，白起、韩信是也。

——《人物志·卷上·流业第三》

（一）

战国（前475—前221）末年，周天子暗弱，各诸侯国互相攻伐，终于导致天下大乱。经过百余年的兼并战争，最终形成了秦、韩、赵、魏、燕、楚、齐七国并立的局面，史称战国七雄。七雄内修政治，外呈刀兵，均企图独霸天下。在此过程中，地处西方的秦国一枝独秀，迅速发展成为战国末年的超级大国。

秦王政（前259—前210，前247年至前210年在位）十七年（前230），秦国做好了发动统一之战的准备，随即发兵攻打弱小的邻国——韩国。韩国无力抵抗，韩王安（前238年至前230年在位）被俘，韩国灭亡。

次年，秦王政又任命王翦为上将，羌瘣与杨端和为副将，大举征伐赵国。秦军兵分三路，王翦率领一路大军攻打井陉（今河北省井陉县），将赵国拦腰截断，使其南北之兵不能互相救应；羌瘣率领一路大军荡平了赵国都城邯郸（今河北省邯郸市）外围的守军，使其无法向都城方向增援；杨端和率领的一路大军则直扑邯郸而去。

秦王政十九年（前228），王翦、羌瘣等几路大军合围邯郸，破城而入。赵幽缪王（前235年至前228年在位）被俘，赵国灭亡。赵幽缪王的哥哥赵嘉带着部分王室宗亲逃往代地（今河北省西北部、山西省东北部一带），自立为代王，屯于上谷（今河北省怀来县附近），与燕国合兵一处，企图联燕抗秦。

秦军所向披靡的兵锋不但吓坏了代王赵嘉和燕王喜（前254年至前222年在位），也吓坏了魏、楚、齐三国的百姓。三国百姓纷纷议论说：

"秦军攻无不克，战无不胜，灭燕之后定会前来攻打我们国家的。"

那些深爱着自己国家的百姓则说：

"怕什么呢？秦军如果胆敢犯境，我们大不了以死相拼就是了。"

而一些见识不凡的读书人则说：

"秦灭六国，一统天下，也未必是什么坏事。"

百姓们听读书人竟然说出这种大逆不道之言，纷纷斥责道：

"你们读书人不要太过轻狂，秦灭六国之后，难道会让你们有好日子过吗？"

读书人则摇头晃脑地回答说：

"天下一统，万姓皆为一家，兵戈自息，对我等来说岂不是美事一桩？"

有人认为读书人说得很有道理，点头称赞，也有人认为那些读书人读书读坏了脑袋，纯粹胡说八道。但不论如何，每个百姓都感受到了大战前夕的紧张气氛。各国国君也纷纷从民间征发粮草和士卒，准备抵御秦军的入侵。

百姓们的生活原本就不富裕，如今更是雪上加霜，愈发艰难。在楚国淮阴县（今江苏省淮安市）境内，有一户姓韩的农民，生活十分困苦，夫妻俩终年辛勤劳作，也只能勉强果腹。

大约在秦军灭赵之时，一个新生命在韩姓农民住的那间破败的茅屋中降生了。这个不起眼的新生儿，就是日后叱咤风云的战神韩信。因史料记载不详，如今已无法得知韩信出生的具体年月了。

秦朝的兵役制度规定，男子自20岁起服兵役两年。韩信是在秦二世二年（前208）参加项梁的起义军。即韩信在秦二世二年时大约20岁。另外，民间流传的歌谣中说，韩信死时只有33岁，他被处死的那一年是汉高祖十一年（前196）。根据这些资料推断，韩信大约出生于秦王政十九年，即公元前228年。

（二）

韩信出生后不久，他的父亲就去世了。在那个战争频繁、瘟疫横行的年代，青年人战死沙场或者染病而亡是十分正常的事。也有历史学家认为，韩信的父亲并没有死，而是为躲避兵役抛弃了妻儿，离家出走了。毋庸置疑的是，即韩信是在母亲的独自抚养下长大的。

在战火纷飞的年代，孤儿寡母的生活过得异常艰苦。韩母是个非常刚强的女子，她毫无怨言地承担起了生活的重担，含辛茹苦地养育着儿子。

韩信一天天长大了，秦国也在一点点地蚕食着东方各个诸侯国的领地。到秦王政二十二年（前225），秦国大将王翦和其子王贲已领兵荡平了燕国和魏国。秦王政大喜，立即召集文臣武将商议对楚国用兵之事。

秦王政看了看王翦、王贲、李信、蒙武等能征惯战的猛将，大声说道：

"寡人想要攻打楚国，谁人可以为将？"

李信出列，向秦王政鞠躬后回答说：

"臣愿意领兵替大王荡平楚国。"

李信是在灭燕之战中涌现出来的将领，深受秦王政的喜爱。秦王政见李信主动请缨，心下大喜，问道：

"若让将军领兵伐楚，你打算用多少人马？"

李信自信地回答说：

"区区楚国岂是我大秦天兵的对手？我认为，有20万人马就足以踏平楚国了。"

秦王政见李信浑身是胆，不禁欣喜万分。他又转向老将王翦，缓缓问道：

"王老将军以为攻灭楚国需要多少人马？"

王翦整整衣衫，从武将的行列里站出来，慎重地回答说：

"启禀大王，臣以为非60万人马不可。"

秦王政闻言，面露愠色，冷冷地说：

"王将军老了吧，何时变得这么胆怯了？李将军英勇果断，寡人以为他是对的。"

就这样，秦王政命李信为上将，命蒙武为副将，领兵20万，择日出征攻打楚国。王翦因受到冷遇，心里闷闷不乐，便以老病为由向秦王政请求辞官回乡。秦王政想也没想，就答应了王翦的请求。王翦悻悻地回到故乡频阳（今陕西省富平县东北），闭门不出。

李信信心百倍地领着20万大军，浩浩荡荡地开赴楚国。楚王负刍（前227年至前223年在位）闻知秦军大举来犯，慌忙召大将项燕商议对策。

项燕是下相（今江苏省宿迁市西南）人，世代为楚将，因封于项（今河南省项城市），故姓项氏。项燕闻知李信为秦军上将，且只有20万人马，笑道：

"大王请放心，李信不足为虑，臣这就去安排迎敌之事。"

项燕果然不愧为一代名将，他主动放弃了寝（今安徽省临泉县）地，以骄李信之心。李信果然中计，率部轻装突进，深入楚国腹地城父（今安徽省亳州市）。项燕趁敌不备，突然率部杀到，大破秦军。

李信慌忙向西退却，项燕率楚军追击三天三夜，一路掩杀，杀掉秦军7名都尉，打得李信溃不成军，丢盔弃甲。李信只得率数千残部向咸阳方向退却，项燕则乘势收复了寝、鄢（今湖北省宜城市）等地，声威大震。

<h1 style="text-align:center">（三）</h1>

李信兵败的消息传到咸阳后，秦王政勃然大怒。他这才想起老将王翦，急忙令人备车直驱频阳。王翦闻知秦王政驾到，慌忙出迎，将其引入内室。秦王政拉着王翦的手，颇有悔意地说：

"都怪寡人没有听从将军的建议，才让李信辱我秦军。"

王翦早已知道李信兵败之事了，他安慰秦王政道：

"胜败乃兵家常事，大王不必自责。"

秦王政焦急地说：

"不容寡人不自责啊！如今项燕正领兵往西而来，眼见就要打到我大秦的地界了。将军虽然有病在身，难道就忍心离弃寡人吗？"

王翦见秦王政要起用自己，又担心他不肯给自己足够的兵力，就推辞说："臣多病，又老糊涂，恐怕不能为大王效力了，还是请大王另选贤能吧。"

秦王政坚持道："难道将军还在生寡人的气吗？请将军不要再说了，寡人已经决定了。"

王翦见不便再推辞，便趁机说道：

"如果大王一定要以臣为将的话，非要60万人马不可。"

秦王政羞愧地说：

"一切都听从将军的安排。"

秦王政二十三年（前224），秦王政以王翦为上将，令其领兵60万直奔楚地而去。秦王政亲自将王翦送到灞上长亭（今陕西省西安市东）。临别前，秦王政又拉着王翦的手，问道：

"将军还有什么要吩咐的吗？"

王翦深知秦王政的心思，便向秦王政要了很多良田美宅。秦王政笑道：

"将军此去定能大破楚军，还用担心贫穷吗？"

王翦正色道：

"为大王领兵打仗，有功终不得封侯，所以臣才趁着大王用臣之际多多要一些良田美宅，以此作为子孙的基业。"

秦王政闻言大笑，点头答应了王翦的请求。王翦领军行至函谷关后，又派使者返回咸阳，再向秦王政要更多的赏赐，秦王政又笑着答应了。王翦的随从人员不解地问：

"将军要这么多赏赐，难道不觉得太多了吗？"

王翦笑着回答说：

"不多。大王素来多疑，今以倾国之兵专委于我，如果我不多为子孙要些田宅以表明我绝无谋反之意，大王肯定会对我产生疑虑的。"

左右听了王翦的话，无不佩服他的睿智。

楚国君臣闻听王翦领兵60万南来伐楚，顿时乱成一团。楚王负刍立即召见项燕，令其筹划迎敌之计。项燕知道王翦用兵如神，且手中有60万大军，已隐隐感到大事不妙了。他沉思了一下，回答说：

"启禀大王，王翦率倾国之兵而来，而我军不过二三十万，处于劣势，因此应当以逸待劳，携新胜之威，速战速决。"

楚王忧心忡忡地说：

"但凭将军安排就是了。"

令项燕更加忧心的是，王翦的大军开至楚国之后便深沟高垒，不肯出战。作为一名出色的军事指挥家，项燕知道王翦此举是想消磨楚军的士气。秦军虽然势大，但刚刚遭遇失败，士气低落，如果贸然出击，很可能会被处于劣势的楚军击破。王翦打算先提高士卒的斗志，然后再一举击破楚军。

项燕忧心如焚，日日派士卒到秦军营前挑战。可是无论楚军士卒如何辱骂，王翦都拒不出兵，只下令让秦军士卒好生休息，日日好酒好菜享受着。而他也与士卒同食同眠，深受士卒的爱戴。

两军对峙一段时间后，秦军士卒都纷纷向王翦请战：

"我等愿为将军死战，大破楚军。"

而王翦却笑着说：

"不急，时机还未到。"

楚军士卒见秦军龟缩在军营里不肯出战，以为他们是害怕了，顿生轻敌之意，因此距离秦军大营越来越近。而项燕见秦军一直不肯出战，唯恐日久生变，遂渐渐产生了撤军东去的想法。

就在这时，王翦却开始派人侦察敌情了。一天，他问前沿的岗哨：

"楚军的情况如何？"

岗哨回答说：

"启禀将军，楚军与我相距刚刚超过投石之距，日日在营前嬉闹。"

所谓"投石之距"，就是扔一块石头能够达到的距离。由此可见，楚、秦两军之间的距离已经十分接近了。

这时王翦笑着说：

"士卒可用了。"

当天深夜，项燕悄悄令大军往东撤去，岗哨立即将楚军的动向报告给王翦。王翦大喜，立即令大军倾巢而出，从后追击。楚军此时毫无防备，顿时大乱。王翦趁势掩杀，轻轻松松地将数十万楚军打得丢盔弃甲。项燕率领残部突出重围，往东逃去。王翦趁势攻取了陈（今河南省淮阳县）以南至平舆（今河南省平舆北）一带楚地，并俘虏了楚王负刍。

（四）

兵败之后，项燕逃到了淮南（今安徽、江苏两省淮河以南地区），拥立昌平君为新君，继续与秦军对抗。

　　昌平君是楚国的公子，曾在秦国为官多年，为秦王政立下了汗马功劳。后来，秦王政大举入侵楚国，昌平君极力反对，遂被流放到郢（今湖北省荆州市）。

　　昌平君既立，秦王政大怒，立即派蒙武为副将，领军数万前去支援王翦。王翦如虎添翼，在淮南之地纵横驰骋，追击溃败的楚军。

　　秦王政二十四年（前223），王翦、蒙武合力荡平了楚军残部，昌平君死于乱军之中，项燕也兵败自杀了，项燕的儿子项梁带着年仅9岁的侄儿项羽逃到吴中（今江苏省苏州市）一带。

　　项羽，名籍，项燕之孙。由于史料不详，现已无法得知其父母的名字及生平事迹了。据《史记·项羽本纪》记载，项羽是由叔父项梁抚养长大的。

　　楚国灭亡之后，王翦又率部陆续平定了江南等地。秦王政二十五年（前222），秦国在江南设置了会稽郡（郡治在今浙江省绍兴市）。

　　与此同时，王翦之子王贲又率部攻伐辽东，俘虏了燕王喜和代王嘉。至此，东方六国已被秦国灭了五国，仅剩偏安于大海之滨的齐国了。

　　秦王政二十六年（前221），秦王政又以王翦之子王贲为主将，蒙武之子蒙恬为副将，领军攻打齐国。齐国不能敌，齐王建（前264年至前221年在位）被俘，齐国灭亡。

　　秦灭六国后，秦王政开创了史无前例的伟大功绩，第一次统一了中华民族，建立了大秦帝国，为中华民族的发展与融合奠定了坚实的基础。

　　统一六国后，秦王政又接受了廷尉李斯等人的建议，废除了西周以来的分封制，设置郡县，统一文字、货币、度量衡，北御匈奴，南征百越，加强了中央集权制。

　　秦王政开创了不世之功，顿时自命不凡起来，遂下令"议帝号"。丞相王绾、廷尉李斯等人上奏说：

　　"古有天皇、地皇、泰皇，其中泰皇最贵。臣等昧死上尊号，王为'泰皇'，王命为'制'，令为'诏'，天子自称曰'朕'。"

但秦王政对"泰皇"这一称号并不满意，他说：

"去'泰'，着'皇'，采上古'帝'位号，号曰'皇帝'。其他的就按众位爱卿所商议的办吧。"

于是，秦王政便开始称"皇帝"，自称始皇帝，即秦始皇。始皇帝是希望能将他的大秦帝国永远延续下去，后世皇帝就按照次序称为二世皇帝、三世皇帝，直至万世皇帝，传之无穷。然而他无论如何也没有想到，自己一手缔造的大秦帝国仅历二世便亡国了，而这一切也都是由他一手造成的。

秦国统一天下之后，韩信与他的母亲也成了秦国的百姓。不过，从楚国人变为秦国人并没有给韩信母子的生活带来多少改变，他们依然过着一贫如洗的日子。此时的韩信已经七八岁，到了该读书认字的年龄了。

在那个年代，读书是一件非常奢侈的事。除王公贵族、富商巨贾外，能够接受教育的人少之又少。像韩信这种出身于底层农民的子弟来说，读书更像是天方夜谭一样遥不可及。不过，韩母依然想方设法地弄到了一些简册，求人教韩信读书识字。

当时还没有纸张，文字都是写在帛和竹简或木简之上的。帛价格昂贵，除王公贵族外，普通人根本用不起。普通人读的书都是将文字刻在竹简或木简上，然后再用割成细条的生牛皮将竹简或木简串编起来，成为简册。

这种简册十分笨重，携带也极不方便。对七八岁的孩童来说，整日里捧着笨重的简册学习是件非常辛苦的事。不过，韩信知道自己读书的机会来之不易，因此十分用功。再加上他天资聪颖，过目成诵，进步很快，很快就掌握了大量的文化知识。

在诸多学说中，韩信最喜欢的是兵法。从第一次接触兵法开始，他便被深深地吸引了，仿佛就是为了学习兵法而生一样。

韩信不但是一位杰出的军事家，还精通算术。据说，韩信带领1500名士卒打仗，战死四五百人后，剩下的三人站成一排，多出两人；五人站成一排，多出四人；七人站成一排，多出六人。众人皆不知剩下多少士卒，而韩信马上就算出了结果，即1049人。

第二章　胯下之辱

（韩信）于汉家勋，可以比周、召、太公之徒。

——（西汉）司马迁

（一）

时光荏苒，一转眼韩信就长成了一个英俊的少年。这位翩翩美少年与大多数农民子弟不同，他既不治稼禾，也不事商贾，仍旧埋头读书。邻人有笑话他不懂事，不能为母亲分忧解劳；但也有人称赞他胸怀大志，与众不同。

秦始皇一统天下之后，愈发骄奢残暴。他一边用严刑酷法统治百姓，导致民不聊生，饿殍遍野；一边又大兴土木，广修宫苑，派人到海上寻求仙药，企图长生不老。

秦始皇三十四年（前213），秦始皇又听信丞相李斯的谗言，下令焚烧天下书籍，加强对思想文化的控制。秦始皇三十五年（前212），秦始皇又大派劳役，在北部边疆修建长城以抵御匈奴，在咸阳兴建阿房宫以供淫乐。这种种行为使百姓生活困苦不堪，敢怒而不敢言。

始皇帝焚烧了天下的藏书后，韩信也失去了读书的机会。但从韩信后来的表现来看，他应该在始皇帝焚书之前就已熟读兵法，并能了然于胸了。此时，十五六岁的韩信相貌清奇，身材伟岸，穿着光鲜，喜爱舞枪弄棒，时常在腰间挂着一柄宝剑。

很显然，这样的装束与韩信的身份是不相称的。作为一个农民子弟，他不思耕种，只会舞枪弄棒，带刀挂剑，渐渐成了乡人眼中的不肖子弟。因此，乡人多以"王孙"来戏称他。韩信听到人们的戏称也不生气，依旧我行我素。乡人们哪里知道韩信的远大志向呢？

所谓"福无双至，祸不单行"，就在韩信一天天长大时，他的母亲突然病逝了，孤苦无依的韩信悲痛欲绝。在他的心中，母亲是一个伟大的人，他多么想让母亲看到自己出人头地的那一天，让母亲为自己骄傲啊！可是，母亲却静静地抛下他，永远地离开了。

韩信决定"厚葬"母亲，一则尽孝，二则壮志。当时的丧葬习俗是与严格的等级制度相适应的，王公贵族去世要举行国葬，举国为其挂孝，用金银珠宝陪葬。除此之外，还要为其在风水宝地筑起高陵，安排百姓"守冢"，即看守坟墓，以便四时祭祀。安排守墓的百姓越多，代表死者或其家属的身份越高贵。

韩信社会地位低下，一贫如洗，既没办法为母亲举行隆重的葬礼，也没办法用金银珠宝为母亲陪葬，于是他便在风水上打起了主意。当时的秦国地广人稀，无主之地多的是，不愁找不到风水宝地。韩信精心挑选了一块开阔的高地，将母亲葬在那里。

葬完母亲后，韩信仗剑站在墓旁，瞭望着四周辽阔的疆土，一股豪情涌上心头。他拔剑起舞，慷慨悲歌。良久，韩信将宝剑插在地上，俯身捧起一捧黄土，迎风扬撒，大声说道：

"我要在这个地方为母亲安排一万户人家守墓！"

韩信的言下之意是要做一个万户侯。后来，他的这句话被乡人们广为传播，成为一时的笑柄。因为当时的韩信一贫如洗，食不果腹，又没有好的德行，怎么能有机会被封为万户侯呢？然而，韩信并没有因为乡人的耻笑而改变志向。

多年之后，当韩信真的以万户侯的身份荣归故里，此时人们才想起他当年的豪言壮语，不禁钦佩万分。数百年后，《史记》的作者司马迁曾到过淮阴，去考察韩信的生平事迹，亲眼看到了韩信母亲的坟墓，那果然是一块开阔肥沃的高地。太史公司马迁不禁感叹道：

"他的志向确实与众不同。"

（二）

母亲去世后，韩信的生活更加艰苦了。他不但失去了唯一的亲人，也丧失了生活的来源。按照当时的举荐制度，在乡里有贤孝之名的青年会被推荐给朝廷，任用为吏。但韩信自幼少与人交往，在乡人眼中又没有什么好的德行，连母亲在世时也没能好生孝顺母亲，因此自然没人推荐他。《史记·淮阴侯列传》记载说：

"贫无行，不得推择为吏。"

而且，韩信又不愿务农，也不愿做小生意，缺乏固定的生活来源，只能过着流浪乞食的生活，常在邻人家里混饭吃。时间长了，人们开始讨厌他。邻人们看见韩信走出家门，都纷纷躲避，唯恐他到自己的家里蹭饭吃。

在当时那个时代，生产力十分低下，再加上秦始皇横征暴敛，农民要想填饱自己的肚子都不容易，谁还有多余的饭菜给韩信吃呢？更何况，韩信已经是一个十六七岁的小伙子了，饭量很大。

有一次，韩信一连几天都没有蹭到饭，独自在村口徘徊，希望能找点瓜果野菜充饥。下乡南昌亭长看到韩信，顿生恻隐之心。秦朝的行政机构分为三级，即郡、县、乡（亭），乡（亭）长是最低级的官吏，直接管理着本乡本亭的百姓。亭长俸禄微薄，日子也过得紧巴巴的，只不过比一般的百姓稍微好些罢了。

韩信所在的村庄归下乡南昌亭管理，南昌亭长可以说是他的父母官。南昌亭长见韩信可怜，便走上前去，语重心长地说：

"韩信，你在这里干什么呢？你已经长大了，要好好学习耕种土地。"

韩信抬头看了看南昌亭长，不屑地回答说：

"亭长岂知韩信之志？韩信志向远大，不在躬耕垄亩之上。"

南昌亭长叹了口气，摇头道：

"你呀！你已经很多天没填饱肚皮了吧？再这样下去，恐怕你的远大志向还没有实现就已经饿死了。走吧，到我家里吃点东西吧！"

韩信的肚子正饿得咕咕叫，一听有东西吃，顿时来了精神。他高兴地跟着南昌亭长来到他家里。亭长的妻子已经准备好了饭菜，正等着亭长回来吃饭，一见韩信跟来了，心里非常不高兴。但出于礼貌，她还是假装热情地招待说：

"王孙快坐，饭菜已经准备好了。"

韩信拱手称谢，一屁股坐在饭桌旁，端起碗就吃了起来。他实在饿极了，亭长夫妇一碗饭还没吃完，韩信已经吃下去三四碗。看着韩信狼吞虎咽的样子，亭长的妻子也生了恻隐之心，关切地说：

"王孙慢点吃，别噎着！"

吃饱之后，韩信谢过亭长夫妇，又带刀挂剑地出去了。等到饭点时，他不请自来，又到亭长家蹭饭吃。亭长也不好拒绝，只好又热情地接待他。

几个月过去了，韩信每天都到南昌亭长家吃饭，每次都是吃完就走。一天，亭长妻子终于忍无可忍，对亭长说：

"这韩信每日必到，早晚会把我们家吃垮的！"

南昌亭长笑着说：

"我看他志向与众不同，将来或许能够飞黄腾达呢！"

亭长妻子冷冷地说：

"不饿死就好了，还飞黄腾达！不能再让他来了，再来休怪我跟你翻脸！"

亭长无奈地说：

"又不是我请他来的，他不请自来，我有什么办法？难道把他赶出去吗？"

亭长妻子想了想，诡秘地一笑，低声道：

"我有个好办法，必能让他不再来蹭饭了。"

第二天天还没亮，亭长妻子就起床做饭，然后把睡梦中的丈夫喊醒，夫妻两人在床上把早饭吃了下去。等到饭点时，亭长一家早已吃饱，碗筷也都收拾得干干净净了。

韩信像往常一样来到亭长家里吃饭，一看眼前的情景，顿时明白了一切。这让韩信的自尊心受到了伤害，他什么话也没说，扭头就走。从此之后，韩信再也不到南昌亭长家里去蹭饭了。

（三）

人不能没有自尊心，但更不能没有饭吃。忍饥挨饿的韩信实在没办法，只好跑到淮阴城边的河上钓鱼充饥。当时，城里的妇女经常结伴到河边为富贵人家漂洗衣物，赚取一点生活费。由于距离太远，衣物较多，妇女们都带着午饭，中午就在河边吃饭。

韩信日日在河边钓鱼，但鱼又少又难钓，根本不能填饱肚子。韩信静静地盯着河面，默念道：

"鱼儿啊，鱼儿，快快上钩吧，难道你们想让我饿死吗？"

钓鱼是最需要定力和耐心的，越着急就越钓不到。韩信不时提竿上来看看鱼儿有没有上钩，但始终没钓到一条。

突然，韩信听到一阵欢笑声，心下不禁有些恼怒。他循声望去，看见妇女们正有说有笑地在不远处洗衣、吃饭。

韩信看了看她们的饭菜，摸着肚子，咽了咽口水，肚子叫得更响了。他想，要是能吃上一口这样鲜美的饭菜该多好啊！但他也知道，在河边洗衣的妇女大都出身穷苦人家，日子也很紧巴，想让她们分一点饭菜给自己简直就是奢望。想到这里，韩信不禁摇了摇头，又转身钓起鱼来。

妇女们看了看韩信，小声议论道：

"那个年轻人已经在那里好几天了，天天钓鱼，也没见他钓上几条，恐怕要饿坏的！"

有人低声附和道：

"看他穿着这么光鲜，但却一副面黄肌瘦的样子，恐怕是落难的王孙吧！"

又有人一边说：

"年轻人哪有穿着不光鲜的？他未必是什么王孙。一个大男人不去耕田种地，整日带刀挂剑地在河边钓鱼，真是让人看不起。"

这时，一个年老的妇女见韩信可怜，就说道：

"你们不要议论了。当今这个年头，谁要填饱肚皮都不是件容易的事。他也够可怜的！"

说完，老妈妈主动走到韩信身边，将自己的饭菜分一半给他。韩信起身推辞道：

"老妈妈自己吃吧，韩信不饿！"

老妈妈知道韩信爱面子，就说：

"我年龄大了，吃不了这么多饭，丢了太可惜，你就帮我分吃一些吧！"

韩信见老妈妈如此殷勤，便不再推辞，接过饭狼吞虎咽地吃了起来。老妈妈在一旁看着韩信的吃相，心里嘀咕道：

"这孩子真是太可怜了，不知道多少天没吃饭了。"

第二天，老妈妈来河边干活时特意多带了一些饭菜。到中午时分，老妈妈又端着饭菜走到正在钓鱼的韩信跟前，将自己的饭菜又分了一半给他。

老妈妈手中的衣物本来只需洗十几天就能洗完，但为了给韩信送饭，她故意拖延些时日，竟然洗了几十天。在这几十天里，她每天都带饭给韩信吃。韩信感动极了，诚恳地对老妈妈说：

"您今天救了我的命，您对我就像母亲对儿子一样好，我将来一定会重重报答您的。"

老妈妈听完韩信的话，生气地说：

"你是个男子汉，可连自己都养活不了！我是看王孙可怜，才分些饭菜给你吃的，岂是指望你报答呢！"

这个故事出自《史记·淮阴侯列传》。这位洗衣的老妈妈的原话是：

"大丈夫不能自食，吾哀王孙而进食，岂望报乎！"

老妈妈的发怒一是想激励韩信上进，二是不希望韩信误解。她只是想让韩信明白，自己给韩信送饭是可怜他，但不是为了图报。

俗话说，"受人滴水之恩，当以涌泉相报"，韩信受到抢白，哑口无言，但心中仍然对老妈妈充满感激之情。他牢牢地将这位善良的老妈妈记在心里，希望将来能够有所回报。

而老妈妈的那句"大丈夫不能自食"的话也激励了韩信。从此之后，韩信发奋图强，每日默念早年所学的兵法，寻找机会，一展宏图。

（四）

战国末年，诸侯林立，社会上存在着一个庞大的群体，即"士"。

所谓的"士",包含的范围十分广泛,包括学士、策士、方士、游侠等。他们大多不事耕种,也不治商贾,倚靠为王公贵族出谋划策、卖命效力为生,时人称之为"食客"或"门客"。

战国时期的"四公子"——魏国的信陵君、齐国的孟尝君、赵国的平原君和楚国的春申君,门下都有食客数千人。秦国一代名相吕不韦也曾效法他们,招揽了数千门客,其中不乏出类拔萃者,如后来成为秦始皇得力助手的李斯。

秦始皇荡平六国、统一天下之后,诸侯消失了,食客也失去了存在的社会基础。不过,他们的一些行为作风在民间影响依然很大,如不事生产、带刀挂剑等。

秦始皇对民间的兵器控制极严。原先六国庞大的军队瓦解了,但留下了大量的兵器。六国的士兵被遣散后,兵器也大多流落到民间。秦始皇曾下令,将六国的兵器全部收缴上来,有敢私藏者严惩不贷,但仍有许多兵器散落民间。淮阴城中的许多年轻人都藏有兵器,敢于公开佩戴者也不在少数。韩信喜欢带刀挂剑,大概也是受这种风气的影响。不过,韩信喜欢带刀挂剑还可能与他酷爱兵法有关。他已下定决心,将来一定要带兵打仗,所以时常剑不离身。

有一天,韩信在淮阴城的大街上闲逛。突然,一群年轻人拦住了他的去路,为首的是一个身材高大、满脸横肉的人。韩信认识他,他是淮阴城中有名的破落户,以杀猪卖肉为生。这个屠户平时喜欢舞刀弄棒,好狠斗勇,淮阴人没有不怕他的。

韩信向屠户拱拱手,满脸和气地问道:

"阁下拦住在下有何吩咐?"

屠户也不答话,围着韩信转了两圈,然后皮笑肉不笑地说:

"你长得高高大大的,又喜欢佩刀带剑,看上去英勇无比!其实,你小子就是一个草包胆小鬼罢了。"

说完，屠户站在韩信面前，仰面大笑起来，他身边的小混混也跟着大笑起哄。

街上的人见状，都纷纷围上来看热闹。韩信的脸上红一阵白一阵的，尴尬极了。屠户见围观的人多起来，就更加放肆了。他叉着腰，指着韩信说：

"你不是带着剑吗？如果你不怕死的话，就刺我一剑；如果你不敢，就从我的裤裆下钻过去！"

韩信一言不发地站在那里，但他的右手已经不自觉地握住了剑柄。周围的人见状，都为屠户捏了一把汗。韩信正值血气方刚的年龄，如果真的拔剑刺出，屠户肯定没命了。但就在这时，韩信的右手突然缓缓放了下去。

屠户得意极了，大声喝道：

"我谅你这个胆小鬼也不敢刺我！"

周围的年轻人都跟着屠户大声嚷嚷起来：

"不敢刺就爬呀！快爬呀！"

韩信盯着屠户看了半天，然后缓缓低下头，俯下身，双手着地，向屠户的胯下爬去。一伙年轻人把韩信和屠户围在中间，哄笑着看着眼前的场景。

一步，两步……韩信慢慢地爬过去，然后从屠户的胯下钻了过去……

众人哄笑着散去了，韩信却呆呆地坐在地上，望着远处的天空，若有所思。众人都以为韩信的确是个懦弱怕死的胆小鬼，但他们哪里知道，能够忍受胯下之辱才是韩信个性成熟的真正表现。他能忍他人所不能忍，可见他的雄心壮志也必然比常人高出许多。他只是在等待机会，等待有人给他一个施展才华的舞台。

　　有一次，汉高祖刘邦问韩信朝中的将领们能力大小，韩信侃侃而谈，毫不避讳地指出了他们本领的高低和各自的优缺点。刘邦又问道："你看我能指挥多少兵力？"韩信毫不犹豫地回答说："最多不超过10万。"刘邦立刻又问："那么你能指挥多少兵力呢？"韩信回答道："多多益善。"

第三章　群雄反秦

　　世或以韩信首建大策，与高祖起汉中，定三秦，遂分兵以
北，擒魏，取代，破赵，胁燕，东击齐而有之，南灭楚垓下，
汉之所以得天下者，大抵皆信之功也。

——《资治通鉴》卷十二《汉纪》

（一）

　　秦始皇三十七年（前210）春，秦始皇离开咸阳，南巡楚地。始皇帝最宠爱的小儿子胡亥特意要求同行，始皇帝答应了。这次随始皇帝同行的还有宦官赵高和丞相李斯。秦始皇一行游历了云梦（今湖北省云梦县），在九嶷山祭祀了舜帝，然后顺长江而下，过钱塘江，奔会稽而去。

　　会稽郡的官员闻讯，立即组织百姓夹道迎接。项梁叔侄两人也夹杂在百姓中间，跪在官道两旁，低着头迎接秦始皇的车驾。

　　此时，项羽已经是一个23岁的大小伙子了，长得异常高大，身长八尺有余，力能扛鼎，才气过人，吴中子弟没有不怕他的。起初，叔父项梁教项羽读书。但项羽没读几天，就把简册丢到一边去了。后来，项梁又请人教项羽舞剑，项羽再次弃而不学。

项梁怒斥项羽，项羽却回答说：

"文字只能记记名姓罢了，剑术只够对付一个人，这些都不值得学。如果我要学，就学能敌万人的本领。"

项羽的言下之意是要学习兵法。项梁闻言大喜，因为项氏世代为将，没有不熟悉兵法的。于是，项梁立即教项羽学习祖上的用兵之道。起初项羽学得很起劲，但略知其意后就又不肯学了。项梁无奈，也只好由他去了。

秦始皇威风凛凛的车驾驶过，一下子激起了项羽的雄心壮志。他低声对叔父说：

"皇帝的车驾真威风啊！您可以取而代之。"

项梁一听，急忙捂住项羽的嘴巴，斥责道：

"不要胡说八道，会招来灭族之祸的！"

项羽不再言语，但他看皇帝车驾的眼神分明闪烁着嫉恨之光。从此之后，项梁更加认为自己的侄子与众不同了。

秦始皇一行在会稽山祭祀了大禹，刻文立碑，歌功颂德之后又经吴地（今江苏省苏州市）到了江乘（今江苏省句容县北），从那里过长江，沿海岸线北上，来到琅邪（今山东省诸城市东南海滨）。

琅邪距离秦国都城咸阳达数千里，但秦始皇一生却多次来到这里。这一方面是因为齐国是东方六国之中最后被纳入秦王朝版图的诸侯国，齐地百姓反秦情绪强烈，秦始皇要借巡守之际震慑当地的反秦情绪；另一方面，琅邪之地也寄托着秦始皇的长生不老之梦。

早在秦始皇二十八年（前219），秦始皇在封禅泰山之际就来过琅邪。他在这里召见了方士徐市，即徐福。徐福博学多才，通晓医学、天文、航海等知识，且同情百姓，乐于助人，故在沿海一带民众中名望颇高。据说，徐福是鬼谷子先生的关门弟子，学辟谷、气功、修仙，兼通武术。

先秦时期，修仙之术盛行，许多人都相信长生不老的传说。秦始皇也未能免俗，也在苦苦寻求长生不老之药，以求长生，永久地统治他缔造的大秦帝国。民间传说，渤海中有蓬莱、方丈、瀛洲三座神山，山上的宫殿都是用黄金白银制作的，山上住着仙人。仙人有不死药，服之可以长生不死。

人们纷纷说，三神山远望就像在云端里，等靠近了才看清三神山原来在水中，人要想靠近上去，三神山就忽然又被风引走了。用今天的科学知识来看，人们口中所谓的"三神山"其实就是海边常见的海市蜃楼。不过，古人并不知道这是光线折射现象产生的，遂被这种虚无缥缈的奇异景象所迷惑，以为渤海中真的有仙人居住。一些别有用心的方士甚至谎称他们到过三仙山，获得了不死药。有的方士还向世人谎称自己已经几百岁，甚至上千岁了。在那个蒙昧的时代，虽然有人对这些谎言表示怀疑，但深信不疑者也不在少数。

徐福向秦始皇讲述了海上三仙山的传说，并说自己愿意为始皇帝寻找不死之药。秦始皇很高兴，立即为徐福准备了数艘大船、无数金银财宝和数千名童男童女，然后命徐福带着这些东西下海求仙去了。这徐福可能真的出海寻仙山去了，也可能带着大量的金钱和人口到某处享受生活去了。总之，他一去数年都毫无音讯。

（二）

秦始皇在琅邪苦苦等待徐福归来，可左等右等都不见徐福回来，只好带着些许留恋和遗憾离开琅邪。后来，秦始皇又到过琅邪，并派人查访徐福的下落，但始终没有线索。

巧合的是，秦始皇最后一次到琅邪真的遇到了徐福。徐福害怕自己的谎言被戳穿，便胡言乱语说：

"蓬莱仙山上确有不死之药，可惜臣在海上遇到了大鲛鱼的阻挡，无法到达。请皇帝派善射的人与臣一起去射死鲛鱼，这样就可以取到不死之药了。"

秦始皇半信半疑，当晚做了一个奇怪的梦，梦到他与海神交战。醒来后，他问身边的人，这个梦是什么意思？他身边的博士也敷衍说：

"皇帝之所以见不到水神，是因为大鲛鱼阻挡了神仙的通道。除去这个恶神，善神自然就会来了！"

始皇帝又一次深信不疑，立即命令徐福带善射之人、数千名童男童女和无数金银财宝，到海上去射杀鲛鱼、寻仙药去了。这一去，徐福就再也没有回来。据说，他到了今天的日本，在那里自立为王了。

秦始皇在琅邪左等右等，仍然不见徐福回来，只好命令车队返回咸阳。当车队行至平原津（今山东省平原县南）时，始皇帝突患重病，身体日渐衰弱。这一次，这位不可一世的皇帝似乎也意识到了死神的降临，他用尽最后一点力气，给长子扶苏写了一份遗诏，命他火速赶往咸阳，商议国丧及立储之事。

始皇帝将遗诏封好后，交给宦官赵高。皇帝签发诏的玉玺和调动军队的兵符也都由他的这个贴身宦官保管。然而，心怀鬼胎的赵高却偷偷将始皇帝的遗诏藏了起来。

7月，当车驾行至沙丘平台行宫（今河北省广宗县大平台村）时，始皇帝终于油尽灯枯，撒手人寰，享年50岁。随从秦始皇巡游的左丞相李斯深恐皇帝在旅途中突然驾崩的消息会引起天下大乱，便秘不发丧，下令将秦始皇的尸棺偷偷放进凉车，然后马不停蹄地向咸阳赶去。

当时，知道秦始皇已死的除丞相李斯外，还有公子胡亥、赵高及几名随从的宦官。诸位大臣都不知道，沿途迎送的官员更不知道。赵高突然野心膨胀，决定杀掉公子扶苏和大将军蒙恬，立与自己亲厚的胡亥为新帝。见风使舵的李斯也参与其中。于是，赵高便与胡亥、李斯等人勾结，假传诏书，将扶苏和蒙恬赐死，然后拥立胡亥登上帝位，史称秦二世。

与秦始皇相比，秦二世胡亥在残暴荒淫方面有过之而无不及，但其治国平天下、把握皇权的本领却远不及始皇帝。不久，野心勃勃的赵高和李斯便牢牢地控制了朝中大权，并撺掇秦二世横征暴敛，肆意施行严刑峻法，致使民不聊生，百姓生活更加困苦不堪。

（三）

秦二世的倒行逆施终于引发了大规模的农民起义。秦二世元年（前209）七月，陈胜、吴广在大泽乡（今安徽省宿州市埇桥区东南）揭竿而起，竖起了反秦的第一面大旗。

陈胜是阳城（今山西省阳城县）人，家贫不能自立，靠为人做工为生，但胸怀大志。有一次，陈胜和一帮长工在地里干活，干着干着不禁感叹起来。他想：

"我年轻力壮，为什么要成年累月地给别人做牛做马呢？总有一天，我也要干点大事出来。"

想到这里，陈胜转身对身旁的伙伴们说：

"咱们将来要是富贵了，都不能忘了老朋友啊！"

大伙儿听了陈胜的感慨，都笑着说：

"别做梦了！我们天天给人家卖力气种地，哪儿来的富贵呢？"

陈胜叹了口气，自言自语地说：

"燕雀怎么会懂得鸿鹄的志向呢！"

吴广是阳夏（今河南省太康县）人，也是一个贫苦的农民。陈胜和吴广本来并不相识，但秦二世的暴政却把这两个英雄聚拢到了一起。

秦二世元年夏，朝廷征召了900名贫苦的农民到渔阳（今北京市密云区西南）戍边，陈胜、吴广两人都被编进这支衣裳褴褛的队伍中。由于见识不凡，又有一定的威望，他们被任命为小队长。

当队伍开到大泽乡之时，正赶上连天大雨，洪水淹没了道路，无法通行。他们只好扎营停留下来，准备天晴时再上路。但秦朝的法令很严酷，被征发的民夫如果误了行期，是要砍头的。

大雨一连几天都下个不停，陈胜、吴广估计，他们已经误了期限。民夫们都急得像热锅上的蚂蚁，不知道如何是好。这时，陈胜偷偷与吴广商量说：

"这儿离渔阳还有几千里，怎么也赶不上限期了，难道我们就这样去白白地送死吗？"

吴广回答说：

"如今逃跑是死，起来造反也是死，反正都是死，倒不如为了复兴楚国而战死！"

当时，民间有一个说法叫"楚虽三户，亡秦必楚"。这句话说明：楚国故地的人们反秦情绪十分强烈。所以，吴广和陈胜便想假托复兴楚国发动起义。

陈胜思索了一会儿，又说：

"全国人民长期受秦王朝压迫，痛苦不堪。我听说二世是秦始皇的小儿子，本不该被立为国君的，该立的应该是公子扶苏，只是扶苏因多次谏劝始皇帝才被派往边疆带兵去了。有人听说，扶苏并没有什么罪行，但却被秦二世杀了。百姓都知道扶苏贤明，却不知道他已经死了。项燕在担任楚国将领时曾多次立功，又爱护士卒，楚国人都很爱惜他，有人认为他战死了，有人认为他逃走了。假使我们这些人冒充公子扶苏和项燕的队伍，向全国发出号召，应该会有很多人起来响应。"

（四）

陈胜和吴广商议已定，便找来一个会占卜之人，希望占卜以定吉凶。占卜之人知道两人的意图后，便说：

"你们的事都能办成，也可以建功立业，不过你们还是去问问鬼神吧！"

陈胜、吴广很高兴，说道：

"先生要我们问问鬼神，是让我们先在众人中树立威信啊。"

于是，吴广就用朱砂在一块绸条上写了"陈胜王"三个字，将其卷起来塞在一条鱼的肚子里。看押民夫的秦军士卒买鱼回来烹食，发现了鱼肚子里的绸条，立刻小声议论起来：

"鱼肚子里怎么会有绸条呢？看来是上天要灭亡秦王朝啊！"

晚上，陈胜又派吴广潜藏在驻地附近的祠堂里，装成鬼神高呼：

"大楚兴，陈胜王。"

民夫们听到吴广的呼声，都以为是上天派来的神仙，个个心惊胆战，一夜未曾睡着。看押民夫的秦军军官也吓得仗剑坐了半夜。

第二天一早，大家都在谈论这件事，并指着陈胜说：

"他就是陈胜。"

陈胜见时机已经成熟，便邀请看押他们的两名军官喝酒。陈胜和吴广灌醉了两个军官，故意提出要逃走，以激怒他们。军官大怒，立即将吴广绑起来鞭打他。

平日陈胜和吴广待民夫们很好，因而深得人心。现在众人见吴广被罚，都愤愤不平。军官见状，立即拔剑在手，大声喝道：

"你们要干什么？难道要造反吗？"

吴广趁机挣脱绳索，一跃而起，夺过剑杀死了那名军官。陈胜也立即上前，一剑捅死了另一名军官。众人见陈胜、吴广杀了军官，都十分害怕。

陈胜趁机走到队伍前面，振臂一呼：

"诸位兄弟，我们遇到了大雨，在此停留多日，已经超过了规定的期限，而过期是要杀头的！就算我们侥幸逃过此劫，也难逃戍边之苦，戍边的人十个中有六七个都会死在那里。再说，大丈夫不死则已，要死就得干出一番大事业来，王侯将相难道是天生的贵种吗？"

众人听得热血沸腾，立刻齐声应道：

"我们愿意听从你的号令！"

于是，陈胜和吴广便筑坛誓师，冒充公子扶苏和项燕的队伍，打出"大楚"的旗号，揭竿而起。陈胜自立为将军，吴广任都尉。起义军率先攻占了大泽乡，而后又占领了蕲县（今安徽省宿州市埇桥区东南）。

攻克蕲县后，陈胜派符离（今安徽省宿州市符离集）人葛婴带兵攻取蕲县以东的地区，他自己则率主力向西而去。陈胜的起义军一路攻城略地，百姓云集影从，纷纷加入到起义军中来。

等打到陈县（今河南省淮阳县）时，起义军已发展成为一支拥有战车六七百辆、战马数千匹、士卒数万人的队伍了。陈胜召集当地的乡官和有声望的人共同商讨大事，众人都异口同声地说：

"将军亲自披甲上阵，手拿武器，讨伐残暴无道的秦国，恢复楚国的社稷，论功应当称王。"

就这样，陈胜被拥戴称王，国号"张楚"。陈胜和吴广发动农民起义后，各地的百姓也纷纷起来杀掉官吏，响应起义。原先韩、赵、魏、燕、齐等诸侯国的旧贵族也乘机以恢复六国的名义，起兵反秦。

第四章　投靠项梁

　　（韩信）抱王霸之大略，蓄英雄之壮图，志吞六合，气盖万夫。

——（宋）苏轼

（一）

　　秦二世元年九月，项羽叔侄两人在江东响应陈胜、吴广，杀会稽太守殷通，聚众数千人，起兵反秦。项梁自任会稽太守兼大将军，部署吴中豪杰担任校尉、军侯、司马等，又任命项羽为裨将。

　　就在这时，广陵（今江苏省扬州市）人召平来到江东。陈胜、吴广的起义军壮大后，召平被封为将军，受命攻打广陵。然而广陵兵强城坚，久攻不下。与此同时，陈胜的大军在荥阳（今河南省荥阳市）也遭遇到少府章邯率领的秦军主力，惨遭失败。

　　起义受挫后，各地起义军之间及其内部的矛盾也逐渐暴露出来。原先赵、齐等六国的旧贵族纷纷自立为王，而陈胜自己也忘记了"苟富贵，勿相忘"的誓言，逐渐脱离普通士卒。

　　不久，吴广被同为起义军将领的田臧矫传陈王之诏杀死。召平听说陈胜败逃，秦兵又步步紧逼，便果断渡过长江，矫传陈胜命令，封项梁为楚王上柱国。

召平对项梁说：

"陈王让在下转告将军，江东已经安定，可速速发兵西进，攻打暴秦。"

项梁大声道：

"我等正有此意！"

召平感激不尽地说：

"诛暴秦、平天下就全凭将军之力了。"

第二天，项梁叔侄便带着8000名江东子弟渡江西去，准备攻打秦军。这时，陈婴所部已经攻下东阳（今江苏省宝应县）。项梁立即派人与其联络，希望合兵一处，一起西进攻秦。

陈婴原是东阳令史，为人诚信谨慎，深受百姓拥戴。大泽乡起义之后，东阳的年轻人便杀死县令，聚众反秦。这些年轻人想推选一个首领，但遍观阵中，竟没有一个能够服众的。于是，众人便请陈婴出山，强行立其为头领，聚众两万余人。

东阳起义军都用青巾裹头，自称苍头军，以区别于其他武装力量。苍头军众头目想立陈婴为王，但陈婴的母亲却对儿子说：

"自从我成为你陈家的媳妇以来，从未听说过你家祖先有过贵人。现在你突然得了大名，不是什么好事。不如找一个领头的，你作他的属下。如果成功了，你起码能得个万户侯；如果失败了，你也好逃亡。"

陈婴听从了母亲的建议，不敢称王。就在这时，项梁的使者到了，他对苍头军众头目说：

"项氏世代为将，在楚国颇有名望。现在要举大事，非要选这等人为将帅不可。我们依靠有大名的世族，一定可以消灭暴秦。"

于是众人听从陈婴的建议，悉数投靠了项梁。项梁叔侄两人实力大增，遂率部挺进淮河流域。

秦二世二年（前208）初，项梁带领数万起义军渡过淮河。韩信听说这件事后，立即赶往淮河之滨，加入到起义军队伍中。当时，淮河以北地区的起义军有好几支，其中包括在沛县（今江苏省沛县）起兵的刘邦以及彭城（今江苏省徐州市）的秦嘉等。

刘邦出生于秦昭襄王（秦始皇的曾祖父）五十一年（前256年，一说出生于秦庄襄王三年，即公元前247年）。他的父亲是沛县丰邑镇的一个普通农民，名字不详，人称刘太公。刘邦在家中排行老三，上面有两个哥哥。按伯、仲、季排序，老大叫刘伯，老二叫刘仲，老三叫刘季，即刘邦。刘邦这个名字应是他起兵反秦后或登基称帝后所用的名字。

刘邦自幼顽劣，不爱读书，也不愿意从事农业生产。早年，他与好友卢绾一起拜马维先生为师，在马公书院读书，但经常逃学，常被老师训斥。他的父亲刘太公也认为他胸无大志，经常骂他游手好闲，不务正业。

不过，刘邦性格豪爽，乐于结交朋友，又仗义疏财，手下聚拢了一帮小哥们儿，其中也包括樊哙和周勃等人。樊哙出身寒微，以屠狗为业，好狠斗勇，但很讲义气；周勃靠编织养蚕用的竹席为生，遇到有丧事时还兼给人家做吹鼓手。樊哙和周勃都很敬重刘邦，尊其为大哥。

成年后，刘邦"试为吏"，做了泗水亭长。泗水亭位于沛县县城东郊，是附近的大亭，又称都亭，因此这里亭长的职位自然也比一般的小亭长高些。

当上亭长后，刘邦很快就与县里的官吏们混熟了，在当地成为一个小有名气的人物。沛县功曹橼萧何、典狱橼曹参、狱吏任傲、县吏夏侯婴等人，也都成了他的好友。

（二）

刘邦担任了十多年的亭长，除交了一帮朋友、娶了一个能干的妻子外，并没有什么建树。他的妻子是单父（今山东省单县）人吕公之女吕雉。因史书记载不详，现已无法得知吕公的出身和生平事迹了。从《史记·高祖本纪》的字里行间推测，吕公应是一个读过几天书的乡绅，善于相面。后因在家乡与人结下冤仇，吕公举家搬迁到沛县定居。

吕公与沛县县令是多年的好友，县令自然殷勤相待。县中之人听说吕公和县令关系密切，都纷纷登门拜访。一时间，县衙人满为患。于是，功曹椽萧何就想了一个拒客的办法。他宣布：凡是贺礼钱不到一千钱的人，一律到堂下就座。

这种场合自然少不了刘邦。刘邦虽然不名一文，但却大大方方地在县衙前对看门人说：

"我出贺钱一万，快快前去通报。"

吕公闻言，立即亲自出来相迎。一见刘邦器宇轩昂，与众不同，吕公心里暗暗喜欢，便让他坐上座。萧何在一旁提醒吕公说：

"刘季平时最喜欢说大话，从没见他干成过什么大事。"

但吕公深信自己的眼光，不为所动，坚持将刘邦留下来。酒足饭饱后，吕公借着酒劲说：

"老朽善于相面，相人无数，但没有一个人能跟足下相比的，请足下一定要自爱啊！老朽有一个女儿，愿意许配给足下。"

刘邦一听吕公要将女儿许配给自己，心下大喜，当下就拜起了丈人。吕公的女儿吕雉是出名的美人，且知书达理。沛县县令多次向吕公提亲，吕公都没有答应。吕公的妻子吕媪听说吕公将女儿许给了刘邦，便生气地对吕公说：

"你经常说我们的女儿是个奇女子，要把她嫁给贵人。县令多次向你提亲，你都不答应，现在为什么要将她许给小小的亭长呢？"

吕公笑着说：

"这不是你们女人家能知道的事情。"

就这样，吕公将女儿吕雉嫁给了刘邦。吕雉就是中国历史上著名的吕后，与刘邦成亲后育有一儿一女，儿子刘盈，即后来的孝惠帝；女儿鲁元，即后来的鲁元公主。

在秦朝统治即将分崩离析之际，刘邦以泗水亭长的身份押送民夫前往骊山，为秦始皇修建陵墓。结果，刘邦一行才刚刚赶到芒砀山（今河南省永城市一带），民夫就逃了大半。刘邦心想，照这样发展下去，不等到骊山，民夫就全部跑光了。秦朝法律规定：民夫逃亡，亭长要承担连坐之罪。与其和民夫们一起到骊山去送死，倒不如放了大家。

想到这里，刘邦便准备了酒肉，和大家大吃大喝一顿，然后对众人说：

"你们都逃命去吧，我也要远走高飞了。"

众人闻言大喜，都纷纷散去，也有几十人不愿离去，想继续跟着刘邦。刘邦借着酒劲，带众人抄小路逃到山里，不觉就到了夜晚。突然，走在前面的人大叫道：

"前边有条大蛇挡在路上，还是回去吧。"

刘邦醉醺醺地说：

"大丈夫走夜路，有什么可怕的！"

说罢他冲上前去，拔剑就将盘踞在小路中央的大蛇斩为两段。众人高呼，又跟着刘邦向前走去。刘邦醉得厉害，走了几里路后就倒在路边呼呼大睡起来。

落在后面的人来到斩蛇的地方，忽然看见一位老妇在暗夜中哭泣。行人就问她：

"老妈妈为什么要在这里哭泣？"

老妇人回答说：

"有人杀了我的孩子，我在哭他。"

行人又问：

"你的孩子为什么被杀？"

老妇又说：

"我的孩子是白帝之子，变化成蛇，挡在道路中间，如今被赤帝之子杀了，我就是为这个哭啊。"

众人都以为老妇人在说谎，正要打她，老妇人却忽然不见了。

待后面的人赶上刘邦后，刘邦已经酒醒。那些人就把刚才看到的事告诉刘邦，刘邦心中暗暗高兴，同时也更加自负。而那些追随他的人也渐渐开始畏惧他了。

这个故事出自《史记·高祖本纪》。《高祖本纪》中夹杂着不少具有神话色彩的记载。这可能是刘邦当上皇帝之后，史官为了神化他而刻意编造出来的，纯属无稽之谈。而且其中还说，刘邦逃亡芒砀山之后，谁也不知道他在什么位置，但吕雉却能轻而易举地找到他。刘邦就问妻子是怎么找到自己的。吕雉回答说：

"你所在的地方有祥云笼罩，我循着祥云就找到你了。"

这些当然都是传说。不过，刘邦和吕雉的确很聪明。他们利用民间的迷信思想，大肆宣扬刘邦的与众不同，招揽民众。当陈胜和吴广在大泽乡起义时，刘邦的手下已经聚拢了数百名亡命之徒了。

（三）

大泽乡起义后，秦朝各地的地方官举兵起事者也不在少数。沛县县令立即召集萧何、曹参等人，商议起事相关事宜。萧何等人说：

"你身为秦朝官吏，如果率众反秦的话，沛县子弟恐怕不会听从你的命令。不如将本县流亡在外的人召集回来，可以得数百人。大人手中的兵力增强了，自然没人敢不听你的号令了。"

县令觉得萧何等人说得有理，便让樊哙把刘邦找回来。刘邦带着数百人，跟着樊哙返回沛县。但等他们到达城门口时，却发现沛县城门紧闭，县令根本没有让他们入城的意思。

原来，县令担心自己无法控制刘邦，弄不好还会被刘邦所杀，等于引狼入室，因此命人将城门关闭，还准备诛杀萧何和曹参等人。

萧何等人闻讯大惊，立即潜到城外，悄悄与刘邦会合。刘邦向城内射了一封信，信中写道：

"天下百姓受秦王朝统治之苦太久了！沛县的父老虽然能帮助县令守住沛县，但却改变不了诸侯并起的局面。到时候，沛县遭屠，男女老幼都要遭殃啊！不如共诛县令，择沛县子弟中可立者立之，以应诸侯，保卫家室。"

平日里沛县百姓就对县令不满，再加上刘邦这样一煽动，众人立即杀了县令，开门迎进刘邦。就这样，刘邦被立为沛公，设祭坛，立赤旗，自称赤帝的儿子，领导民众举起了反秦大旗。到项梁渡淮之时，刘邦的部众已发展到两三千人，占据了今苏、鲁、豫、皖四省交界处的广大地区。

除刘邦之外，占据彭城一带的秦嘉实力也十分强劲。但目光敏锐的韩信毅然选择了项梁，其中主要的原因，大概是因为项梁、项羽都是很有魄力的军事指挥家，又出身楚国将门，本身对百姓就具有很强的号召力。韩信用他超凡的洞察力和智慧分析了当时各地义军的力量，坚定地认为只有项梁、项羽叔侄俩所领导的起义军才能成为反秦斗争的中流砥柱。他的这一判断无疑是十分正确的。

就在韩信仗剑从军的同一时间，在番阳（今江西省鄱阳县）起兵的英布和另外一支反秦起义军将领蒲将军也渡过淮河，赶来投靠项梁。如此一来，项梁叔侄的队伍瞬间就扩大到了六七万人，驻扎在下邳（今江苏省邳州市）。

此时，陈胜已在逃亡途中被他的车夫庄贾所杀，其部下也已四分五裂，各自为政了。驻扎在彭城东的秦嘉闻讯，立即拥立景驹为王，布阵抵挡项梁大军。项梁立即召集诸将，吩咐说：

"陈王首先起兵反秦，功莫大焉。如今陈王兵败，不知所踪，秦嘉却背叛陈王，立景驹为王，这是大逆不道啊！"

诸将闻言，无不义愤填膺，纷纷表示愿意率部攻伐秦嘉。在项梁大军的强大攻势下，秦嘉很快败下阵来，在乱军中被杀，景驹也在逃亡途中死掉了。

项梁收拢了秦嘉的败军，准备挥师西进。秦朝大将章邯也已击溃了陈胜的残部，率军抵达栗县（今河南省夏邑县）。项梁立即指挥大军迎敌，同时派项羽攻打襄城（今河南省襄城县）。项梁派去迎击章邯的大军作战失利，但项羽历经苦战之后拿下襄城，屠杀了全城男女老幼。

不久，项梁又召集各地起义军将领到薛（今山东省滕州市南）商议抗击秦军的计划。刘邦作为沛县起义军的首领，也参加了这次具有重要意义的军事会议。居巢（今安徽省芜湖市居巢区）人范增也不远千里赶到薛地，向项梁献计献策。

范增虽然已年届70岁，但见识不凡。他对项梁说：

"陈胜之败是必然的。当时，秦灭六国，楚国是最无辜的。自从怀王（前328年至前299年在位）客死秦国之后，楚人至今都怀念他，所以才有'楚虽三户，亡秦必楚'的说法。陈胜起兵反秦，不立楚国王室之后为王，反而自立，自然无法长久。如今，将军在江东起兵，楚国故地之人争相依附将军，就是因为项氏世代为楚将啊！"

项梁认为范增说得很有道理，立即起身，向范增深鞠一躬，说道：

"请先生教我该怎么做？"

范增笑着说：

"将军何不去寻找怀王后人，立其为王呢？"

项梁恍然大悟，立即吩咐项羽带人去找楚怀王熊槐的孙子熊心。

原来，楚国灭亡后，熊心便隐姓埋名，在穷乡僻壤替人牧羊为生。项羽历经千辛万苦，终于将熊心带到彭城。诸将立即拥立熊心为楚怀王，建都盱台（今江苏省盱眙县），以顺应民意。陈婴被封为上柱国，食邑五县，与楚怀王留守都城。项梁自号武信君，指挥大军对抗秦军。

不久，项梁便指挥起义军在东阿（今山东省东阿县）大败秦军主力。项羽与刘邦也率部攻城略地，占领城阳（今山东省菏泽市牡丹区一带），迫使秦军龟缩在濮阳城（今河南省濮阳市）中不敢出战。

第五章　怀才不遇

韩生高才跨一世，刘项存亡翻手耳。

——（宋）黄庭坚

（一）

接二连三的胜利让项梁不禁飘飘然起来，他立即命令刘邦和项羽攻打秦军重兵防守的军事重镇定陶（今山东省定陶县）。

定陶由秦军猛将章邯率部驻守，兵盛城坚，易守难攻。项羽与刘邦久攻不下，便绕过定陶，向西而去。两位猛将就像比赛一样，一路攻城略地，很快就打到了雍丘（今河南省杞县）。在雍丘，项羽大败秦军，并于乱军之中杀死了秦将李由（秦相李斯之子）。

项梁闻知李由已死，大喜，立即从东阿西进，围攻定陶。此时，秦二世已经下令将在北部边疆防守匈奴的十万大军调拨给章邯指挥，秦军实力大增。但项梁根本没把这些秦军放在眼里，他越来越骄傲了。楚怀王派来的使者宋义进谏说：

"将军，所谓骄兵必败。如今我军接连获胜，皆有轻敌之心，但秦军却在日益增加，臣真为将军担忧啊！"

项梁听到宋义的话，心中不快，便派他出使齐国去了。宋义愤愤不平，只身前往齐国。途中，宋义遇到了齐王田市派来的使者高陵君显，便问道：

"明公是不是要去见武信君？"

高陵君回答说：

"是的。"

宋义叹息了一声，缓缓说道：

"在下认为，武信君必败。你慢点走或许还可免于一死；如果走快了，大祸就不远了。"

高陵君将信将疑，但还是按照宋义的建议放慢了行程。

此时的韩信虽然还只是个普通士兵，但和宋义一样，他也隐隐预料到了项梁将要面临的失败。一天早上，他来到项梁大帐前，单膝跪地，朗声道：

"大将军，韩信有事禀报！"

项梁正在筹划着如何攻城，根本没心思接见韩信，但他又不想背上脱离士卒的恶名，便勉为其难地说：

"让韩信进来吧。"

韩信抬头步入大帐，又单膝跪地，大声说道：

"启禀大将军，韩信有一言不得不向大将军禀告。"

项梁看了一眼韩信，见他身材高大，一表人才，心里的不快顿时消了三分。他招招手，示意韩信站起来说话。

韩信起身，冷静地分析道：

"大将军，如今定陶久攻不下，而章邯的援军正从我们背后扑来，不如绕过定陶，西进关中。"

项梁略一沉思，回答说：

"关中守备薄弱，倒是容易拿下。不过，秦军主力都在山东一带。西进关中的话，秦军主力从背后追来，我军该如何应对呢？你的这个方法是行不通的。不如先消灭秦军主力，然后再取关中。更何况，我军接连获胜，纵使秦军援军从后背袭来，也无需怕他！"

项梁这里所说的山东并不是指今天的山东省，而是指崤山以东地区。崤山横亘在今河南省西部地区，将关中与中原广大地区隔绝开来。因此在秦汉时期，人们就将崤山以东的地区称为山东。

山东与关中地区唯一的通道是函谷关。函谷关西据高原，东临绝涧，南接秦岭，北塞黄河，地处深险谷地，地势险要，狭窄处只能容下一辆马车通行，易守难攻，素有"一夫当关万夫莫开"之誉。因此，古人都将函谷关与崤山合称为"崤函之险"。

韩信见项梁不愿采纳自己的建议，便向其深鞠一躬，说道：

"大将军，我军西进关中，据住函谷关，岂惧秦军？"

项梁不耐烦地挥挥手，斥责道：

"本将军的用兵之道岂是你这个小小的士卒能明白的？不要再说了，速速出去！"

韩信无奈，只好悻悻地离开项梁的大帐，但他的心中波澜起伏，久久不能平静。他自幼熟读兵书，文韬武略绝不在项梁等人之下，却只能屈尊做一个普通士卒，这是何等的屈辱啊！

（二）

一切果然不出韩信所料，正当项梁全力攻城之时，从北部边疆赶来的十万秦军突然从背后杀来。起义军腹背受敌，损失惨重，项梁也在混战中被秦军所杀。

当时，项羽和刘邦正奉命从外黄（今河南省杞县东）攻打陈留（今河南省开封市陈留镇）。陈留是秦王朝的军事重镇之一，守备森严，项羽与刘邦久攻不下，突闻项梁兵败身死，慌忙商议说：

"大将军新败，我军士气低落，不如暂且引兵东去，避敌锋芒。"

于是，项羽与刘邦引兵向彭城方向移动，陈胜原先的老部下吕臣也奉命引兵东去。吕臣原先的地位并不高，陈胜几乎没有注意过他。陈胜死后，农民起义军四分五裂。在这危急关头，吕臣挺身而出，重整起义军，诛杀了叛徒庄贾。随后，吕臣便引兵归顺了项梁。

项梁一死，吕臣、项羽、刘邦在名义上便都归楚怀王熊心统领了。项羽驻守在彭城以西，吕臣驻守在彭城以东，刘邦驻守在砀（今安徽省砀山县）。三军互为犄角，成"品"字形布局，一方受到攻击，另外两方即可随时救应。

与此同时，楚怀王熊心见项梁兵败身死，极为惊恐，急忙将都城从盱台迁到彭城。楚怀王的到来在起义军诸将领之间产生了不小的震动。项梁在世时，他是起义军名副其实的领袖；项梁一死，起义军名义上的领袖是楚怀王，但实际上已分裂为好几个部分了。项羽、吕臣、刘邦各领一军，已经成为起义军的实际领导者。

就在这时，齐王田市的使者高陵君显来到彭城。他对楚怀王说：

"臣在途中遇到宋义。他对臣说，武信君必败，让臣慢行。如今，武信君果然兵败身死。战争尚未开始就能看清胜负形势，这是真正的战神啊！"

楚怀王觉得高陵君显说得有理，便产生了拜宋义为上将军的念头。

几天后，楚怀王突然召见项羽和吕臣，宣布将他们的军队合二为一，直属自己指挥。项羽和吕臣虽然心有不满，但也不敢公开违抗楚怀王的命令。随后，楚怀王又宣布任命吕臣为司徒，其父吕青为令尹，刘邦为砀郡长，拜武安侯，仍领砀郡之兵。

考虑到项氏世代为楚将，军功显赫，且在百姓间影响巨大，楚怀王没有给项羽任何职位。很显然，野心勃勃的楚怀王想将项羽排除在军队和朝廷之外，以便独揽军政大权。

项羽是个军事天才，但却缺乏政治眼光和手腕。他对突如其来的变故毫无应对之策，除了后悔不该将熊心从民间找来外，一点办法也没有，只能接受这一现实。

这一系列的变故也让不少起义军将士开始考虑自己的前途了。不少人见楚怀王有意拜宋义为上将军，纷纷转投到宋义麾下。但身为普通士卒的韩信却目光如炬，他敏锐地意识到，诸将之中只有项羽才具有统领三军的才华；再加上项羽身边还有个足智多谋的范增，楚军的指挥权迟早会落入项羽之手。于是，韩信便在项羽最落魄的时候转投到他的麾下。

项羽极为感动，又见韩信生得一表人才，便将其留在帐下，当了一名贴身侍卫。韩信顿时豪情万丈，准备跟着项羽大干一场。从表面上看，韩信的职位虽然没什么变化，但身份却不同了。以往他只是一名普通的士卒，而今已成了项羽的贴身侍卫，接近主帅的机会多了，还愁没有升迁的机会吗？

（三）

项梁死后，楚怀王将兵权揽在自己手中，这可乐坏了章邯。在楚国灭亡后，楚怀王一直在民间为人牧羊，既没有接受过正规的教育，也没有行军布阵的经验，根本无法对秦王朝构成任何威胁。因此章邯认为，楚地之兵如今已经微不足道了，便领兵渡过黄河，攻击赵国去了。

陈胜在大泽乡举事之后，曾任命陈人武臣为将军，大梁人张耳、陈余为左右校尉，率3000名义军攻赵地。

武臣出身不详，在大泽乡起义之前的事迹亦不详。陈胜、吴广举事之后，武臣投靠了陈胜，受到重用，迅速升为将军。

张耳和陈余都是大梁（今河南省开封西北）人，有刎颈之交。战国末年，张耳曾为魏公子信陵君魏无忌的门客，后来当上了魏国的外黄县令。秦始皇灭魏之后，张耳和陈余遭通缉，便隐姓埋名逃到陈地。他们可能在那时认识了陈人武臣。

武臣受命攻打赵地，张耳、陈余竭力辅佐。他们从白马津（今河南省滑县北）强渡黄河，连得赵地十余城，军队也迅速发展到数万人，兵威大振。

秦二世元年八月，武臣所部攻占了赵国故都邯郸。此时，陈胜已在陈地称王，陈余等人也劝武臣称王。武臣遂自立为赵王，以张耳为右丞相，邵骚为左丞相，陈余为大将军。

数月之后，陈胜在荥阳战败。为取得武臣的援助，他不得不承认武臣称王。不想武臣根本无意推翻秦王朝，只想割据一方。为巩固赵地，武臣派大将韩广北攻燕地，李良攻常山郡。弄巧成拙的是，韩广颇受燕地百姓的欢迎，被拥立为燕王，而李良则因兵力不足屡屡受挫。武臣大怒，产生了贬黜李良的念头。

就在此时，李良派人向武臣求援，而武臣的姐姐却公开侮辱李良。李良大怒，立即挥兵杀回邯郸，发动兵变，杀死了武臣和他的姐姐。

武臣死后，李良率部归降了秦王朝，张耳和陈余则拥立原赵国王室成员赵歇为赵王，继续统治赵地，对秦王朝构成了巨大威胁。因此，在项梁兵败身死之后，章邯便立即亲率40万大军挥军北上，开始对赵国用兵。

赵歇登上王位后，拜张耳为相、陈余为将，建都邯郸。赵军兵力薄弱，再加上秦军新胜，士气高涨，因而陈余很快就被秦军打败了，赵王歇和张耳也仓皇躲到巨鹿（今河北省平乡县南）城中。章邯立即命副将王离、涉闲领兵围攻巨鹿，他自己则率主力部队驻扎在巨鹿以南地区，修筑甬道，为王离、涉闲所部供应粮草。

陈余率领数万赵军驻扎在巨鹿以北地区，全力抵挡秦军。然而，秦强赵弱，陈余根本不是王离等人的对手。王离出身将门，乃秦国名将王翦之孙、王贲之子；涉闲虽然出身不详，在巨鹿之战之前的事迹亦不详，但从其后来的表现看，他也是秦王朝的一员猛将。

赵王歇自知赵军无法与秦军抗衡，便慌忙向四方诸侯求救。燕王韩广派大将臧荼率部前往巨鹿，声援赵国；其他诸侯也效法燕王韩广，纷纷派出军队，但并未直接参与对抗秦军的战争，只是做做样子，以示声援。

楚怀王接到赵王歇的求援信后，立即召见宋义、项羽、范增和刘邦等人，商议救赵之事。项羽一听围困巨鹿的秦将是王翦之孙王离，顿时义愤填膺，主动请求领兵攻秦。但楚怀王对项羽心怀芥蒂，不敢答应。范增见状，向楚怀王说道：

"今秦强而楚弱，加上项梁新败，一旦赵国灭亡，楚国也会很危险的！不若发兵救赵，与赵国互为唇齿。"

宋义也认为楚国应该发兵救赵。于是楚怀王接受了范增的这一建议，准备发兵，但他却在人事任命上产生了疑虑。楚怀王不想将兵权交到项羽手中，但单凭宋义一人又无法控制数万大军。一则，宋义没有战功，无法服众；二则，起义军大部分将士均是项羽叔侄聚拢起来的，对宋义心怀芥蒂。

千思万虑之后，楚怀王决定任命宋义为上将军，统领全军；拜项羽为鲁公，为次将，协助宋义；拜范增为末将，以分散项羽手中的兵权。宋义领命后，春风得意，号为卿子冠军，立即命令三军择日出征，北上救赵。

（四）

楚怀王在发兵救赵的同时，还命刘邦西略秦地，率部攻打关中之地。楚怀王与诸将约定说：

"率先平定秦国腹地关中的，寡人就封其为关中王。"

韩信闻知这一消息后，立即问项羽：

"将军何故要请命救赵呢？"

项羽咬牙切齿地说：

"秦将王离乃王翦之孙。王翦杀我祖父，我恨不得吃他的肉、喝他的血！王翦父子虽死，但王离仍在。"

韩信向项羽施礼后，诚恳地说：

"难道将军就不想做关中王吗？我军北上与秦军主力交战，刘邦就

43

会乘机率部西进，肯定会比我们先入关中的。"

项羽不屑地说：

"刘邦不过是个沛县的小无赖而已，哪里知道用兵之道？我项氏世代为将，用兵如神，就算北上救赵，也定会赶在刘邦前头进入关中的。"

韩信还想再谏，但项羽用力挥挥手，示意他退出大帐。这让韩信感到很失望，他本来是看中了项羽出色的军事指挥才能才转投到其麾下的，想不到他也如此刚愎自用。

更让韩信感到委屈的是，项羽有着浓厚的门第观念。他之所以看不起刘邦，竟是因为刘邦卑微的出身。与刘邦相比，韩信的出身更加卑微，项羽自然也更不会把他放在眼里了。

韩信虽然感到寒心，但依然抱着一丝希望，期待项羽能够发现自己的军事才华，重用自己。于是，在楚军北上救赵之际，他依然紧紧跟随在项羽左右。

不久，韩信被提拔为郎中——侍卫中最低级的军官。据《史记·项羽本纪》《史记·淮阴侯列传》等篇章的记载来推测，韩信被提拔为郎中大抵有两方面的原因：一则，韩信是项梁的老部下，项羽比较重情义；二则，项羽可能已经发现韩信身上的一些军事才华。不过，出身贵族的项羽门第观念浓厚，只给出身低微的韩信一个最低级的军官职位。

这时，宋义统领的大军已经抵达安阳（今河南省安阳市）。令所有人都大感意外的是，宋义行至安阳之后便止步不前，一连停留了46天。项羽和诸将急得像热锅上的蚂蚁一样，都希望能早点进军，但宋义始终不下命令。

项羽终于忍不住了，他径直走进宋义的大帐，大声说道：

"如今秦军围攻巨鹿甚急，我军应当火速渡河援赵。我军在外攻打秦军，赵军在内响应，内外夹击，一定可以大获全胜！"

宋义斜眼看了一眼项羽，阴阳怪气地说：

"不行！叮咬牛的牛虻只咬牛而不咬牛身上的虱子。现在秦军攻赵，战胜则兵疲，我军可以其疲敝以逸待劳，一战而灭之；如果秦军不胜，我们则直接引兵西进，直入关中，收亡秦之利。总之，不如使秦赵先斗，我们坐收其利。若说披坚执锐，冲锋陷阵，宋义不如公；但说到运筹帷幄，决胜千里，公就不如宋义了。"

乍一看，宋义的部署似乎也有道理，但却经不起推敲。因为一旦赵军全军覆没，强大的秦军势必会挥师南下，攻伐楚军。届时，燕王韩广、齐王田市等四方诸侯也势必会像对待赵国一样对待楚国，只发兵而不救援，那么楚国必亡。

此外，楚军抵达安阳时已是秦二世三年（前207）十月，时值深秋，天气渐凉，楚军将士多为南方人，缺乏过冬的衣物，粮草贮备也不充足。如果再在安阳迁延时日，楚军将不战自溃。

只会纸上谈兵的宋义根本没看到这一点，将项羽逐出了大帐，不再理会他。几天后，宋义将自己的儿子宋襄送往齐国为相，命士卒用隆重的仪式将其送到无盐（今山东省东平县东部）。宋义在无盐整日饮酒享乐，根本不问士卒的死活。

就在这时，天降大雨，气温骤降，士卒时有冻死、饿死者，楚军士气一落千丈。项羽不忍看到楚军就这样断送在宋义手中，便召集几个心腹，趁宋义召开晨会之际将其斩杀在帐内。随后项羽割下宋义的头颅，提在手中，步出大帐，发布号令道：

"宋义与齐国勾结，企图攻伐楚国，大王密令项某诛杀之。"

诸将见宋义已死，项羽又如此英勇，纷纷附和道：

"最早倡议复国者乃是将军叔侄二人。如今将军诛杀逆贼，又为国家立了大功。"

于是，诸将便拥立项羽为假上将军，即代理上将军，统领三军。项羽一边命心腹大将桓楚去彭城向楚怀王汇报此事；一边命人追赶宋襄，在齐国境内将其杀死。这样一来，项羽便在事实上控制了三军。楚怀王无可奈何，也只得顺水推舟，将上将军的头衔授予项羽。

45

　　我国华南、华东等地的田间地头广泛分布着一种名叫"韩信草"的植物。据说，这种草就是以韩信之名命名的，因为他曾经用这种草治好了自己和属下士卒的刀剑之伤。

第六章 暴秦灭亡

韩信登坛之日，毕陈平生之画略，论楚之所以失，汉之所
以得，此三秦还定之谋所以卒定韩信之手也。

——（元）杨维桢

（一）

项羽不愧为一代名将，他统领5万楚军渡过黄河，破釜沉舟，以示
必胜之心。楚军人人死战，以一当十，与王离所部大战数场，接连获
胜。紧接着，项羽又率部切断了秦军输粮的甬道，将王离麾下的20余
万秦军士卒死死围在巨鹿城外。陈余趁机指挥赵军对秦军发起攻击，
配合项羽所部的攻势。

秦军虽屡遭失败，但在数量上依然占据优势。各国诸侯派来的援军
都不敢出战，全部筑起高墙，躲在上面看楚军与秦军厮杀。有人劝项
羽联合各国诸侯的援军共同攻打王离，项羽仰天大笑，回答说：

"纵使没有他们，我项羽也一样可以生擒王离！"

楚军第九次出击时，项羽身先士卒，冲入秦军方阵之中，左冲右
突，所到之处无人能敌。楚军士卒见主帅如此勇猛，个个热血沸腾，
死战不退。秦军不能敌，秦将苏角在混战中被杀，王离也被生擒。秦
军士卒见主帅被擒，粮道已断，再也无法坚守，纷纷向楚军投降。秦

47

将涉闲不肯投降，引火自焚而死。

各国诸侯的援军见项羽如此勇猛，皆胆战心惊。待巨鹿之围解除后，项羽马上命人召见各诸侯国的将军。各国将军来到辕门外，纷纷跪地，膝行而前，不敢仰视。项羽大笑着将诸将一一扶起，好言安慰，并将各国军队纳入自己的指挥之下。从此后，项羽便由楚国的上将军变成了诸侯联军的上将军，手握数十万大军。

巨鹿之战后，章邯率本部20万人马驻扎在棘原（在巨鹿以南，今河北省平乡县南），项羽则率诸侯联军驻扎在漳南（在巨鹿以南，今河北省平乡县南），两军相持数月而不战。

与此同时，刘邦正率部一路轻装西进。遇到秦军时，打得过就打，打不过就绕道而行。刘邦的兵力也在这一过程中渐渐增强，而且还结识了著名的农民起义军首领彭越，笼络了原韩国的贵族张良等一大批谋臣。

在大泽乡起义之后，张良与原韩国王室成员韩成趁机竖起反秦大旗。陈胜、吴广死后，张良与韩成投靠了项梁。张良请求项梁立韩国王室成员为王，恢复韩国，于是项梁选中了韩成，立其为韩王，即韩王成。

此后，张良便辅佐韩王成在韩国故地展开游击战，与秦军周旋。刘邦西进途中遇到了张良，两人一见如故。张良又以《太公兵法》进谏刘邦，刘邦深奇之。韩王成见状，便令张良护送刘邦入关。

刘邦离关中越来越近，而项羽却在巨鹿逡巡不前。看着眼前发生的一切，韩信忧虑不已，多次劝项羽绕道西进，直取关中。但项羽不是冷言冷语地讽刺韩信不懂军事，就是充耳不闻。

到秦二世三年八月（秦汉以十月为岁首，故八月在十月之后），秦王朝在关东的统治已经分崩离析，各地郡县官员纷纷依附项羽、刘邦或各国诸侯，秦二世终于从荒淫无度的生活中醒悟过来。惶恐不已的秦二世将所有责任都推到了臣下身上，尤其是专权乱政的赵高。

赵高隐隐感到了秦二世对自己的不满，便开始盘算起篡夺皇位之事。但他不清楚朝中大臣有多少人愿听他摆布，又有多少人反对，于是就想了一个办法，准备试一试自己的威信，同时也可以摸清反对他的人。

一天早朝时，赵高让人牵来一只鹿，满脸堆笑地对秦二世说：

"陛下，臣献给您一匹好马。"

秦二世一看，眼前的动物分明是一只鹿，怎么会是马呢？他笑着对赵高说：

"爱卿搞错了，这分明是一只鹿嘛！"

赵高大声说：

"这就是一匹马！陛下如果不信我的话，可以问问众位大臣。"

秦二世将目光转向群臣。结果，大臣中有一半人说面前的动物是鹿，另一半人竟然毫无廉耻地对秦二世说：

"陛下，这是一匹千里马啊！"

这就是"指鹿为马"的故事。随后，赵高便将当日坚持真理的大臣全部杀掉。这让秦二世更加惶恐，但一切都为时已晚。

（二）

秦二世不敢责罚赵高，便将一腔怒火都发到章邯身上。章邯极为惊恐，慌忙派副将长史司马欣前往咸阳向秦二世说明情况。当时，赵高独揽大权，文武百官想见秦二世都必须得到赵高的允许。结果，长史司马欣在咸阳宫外徘徊三日，赵高就是不让他进去。

很明显，赵高已经打定主意要拿章邯当替罪羊了。司马欣十分恐慌，生怕赵高将他投入监狱，便连夜从小路逃回军中。章邯见司马欣失魂落魄地跑回来，忙问怎么回事。

司马欣回答说：

"赵高专权乱政，根本没有臣下用事之地。如果将军此次战胜了项羽，赵高必然会因嫉妒而害你；如果战败了，将军仍不免一死。请将军好生考虑到底该何去何从。"

章邯沉思片晌，仰天长叹一声道：

"此乃天亡我也！"

恰在这时，陈余给章邯写了一封信，以白起、蒙恬等人的下场为例，向他说明了功高盖主的恶果。白起和蒙恬都是秦王朝历史上战功赫赫的将军，但最终都被赐死了。陈余的这封信更加坚定了章邯投降的决心。

于是，章邯便派人偷偷去与项羽谈判，商议投降事宜。章邯自恃兵强马壮，提出的条件十分苛刻。项羽大怒，一边假装与章邯的使者谈判，一边悄悄派蒲将军率部渡过漳水，夜袭三户（今河北省磁县西南）。毫无防备的章邯被蒲将军打得落花流水，仓皇而逃。项羽趁机率主力部队追击，在汗水（古河流名，在今河北省磁县附近）之上再次大破秦军。

章邯屡遭失败，不得不降低投降条件，再次派人与项羽谈判。此时的诸侯联军经数月苦战也已筋疲力尽，粮草匮乏，无力再战。项羽便召集部将商议说：

"我们的粮草不足，无法再战，不如就接受他们的投降吧！"

诸将回答说：

"一切皆听凭上将军裁度。"

于是，项羽派人与章邯约定，在洹水（河流名，即今安阳河）南殷虚（今河南省安阳市殷墟）上举行受降仪式。章邯一见到项羽，便痛哭流涕地说：

"章邯今日才得见上将军，实在惭愧不已！章邯不是不想死战而殉国，但赵高用事，臣下有功而被诛，章邯才不得降！"

项羽见章邯如此光明磊落，不禁心生敬佩，当即宣布立章邯为雍王，令长史司马欣为上将军，仍统领投降的秦军。至此，秦王朝的主力部队全部被项羽攻灭，秦王朝也已名存实亡。

项羽又令司马欣统领秦军为先锋，加速西进，企图赶在刘邦前头进入关中，但一切已经晚了。

章邯投降后，秦二世便产生了诛杀赵高之心。不料赵高却抢先一步，令其女婿咸阳令阎乐和弟弟赵成带上千武士闯入咸阳宫，杀退了宫里的卫士。直到这时，秦二世才明白自己的死期已近。

当阎乐和赵成带着全副武装的武士出现在秦二世面前时，只有一个年老的宦官神情漠然地站在秦二世身边。秦二世揪着老宦官的衣领，大声质问道：

"你难道是死人吗？有人杀进来谋害朕，你为什么不早通报？"

老宦官慢条斯理地回答说：

"要是通报陛下的话，我早已经死了，哪还能活到现在呢？"

秦二世推开老宦官，冷冷地看着站在他面前的阎乐。阎乐大摇大摆地走上前来，指着秦二世的鼻子说：

"你骄横恣肆，滥杀无辜，杀兄害妹，人神共疾！如今天下人已反，江山摇摇欲坠，这都是你造的孽！现在应该怎么办，想必你自己也清楚吧？"

说完，阎乐拔出腰间的宝剑扔在秦二世面前。秦二世瘫坐在地，盯着地上的宝剑，绝望地问道：

"我可以见丞相一面吗？"

"不行。"阎乐冷冷地回答。

秦二世又恳求道：

"那请你跟丞相说，划给我一郡之地让我为王，行不行？"

阎乐"哼"了一声，斥责道：

"你就别做美梦了！"

秦二世又可怜巴巴地说：

"让我只当个万户侯也可以啊……"

阎乐不屑一顾地扭过头去。秦二世又啜泣着说：

"那么，就让我带着老婆孩子，到乡下当个小老百姓吧……"

阎乐又俯身对秦二世说：

"我奉丞相之命，为天下人而杀你！你就是说得再多又有什么用呢？我绝不敢将你的这些话转告给丞相。你还是早点伏诛吧！"

阎乐站直了身子，对身边的武士挥了挥手。武士会意，拔剑向前，准备诛杀秦二世。秦二世眼泪汪汪地捡起地上的宝剑，自刎而死。年仅23岁的秦二世胡亥就这样一命呜呼了。

（三）

秦二世死后，赵高立即召集王公大臣，历数秦二世之罪，为自己辩护。王公大臣们都敢怒敢不言，皆回答说：

"一切皆听凭丞相吩咐。"

赵高说道：

"如今，东方六国都已自立，秦国的领地日益缩小，不适合再称帝了，还是恢复秦王的称号吧！"

众大臣都纷纷颔首同意。于是，在赵高的一手策划之下，公子婴被立为秦王。关于子婴的身份，历史学家素来争论不休，有人认为他是公子扶苏之子，也有人认为他是秦二世的弟弟。但不管子婴是什么身份，对历史发展已经毫无影响了。此时，刘邦的军队已逼近武关（今陕西省丹凤县东武关河北岸），随时准备入侵关中。

慌乱不已的赵高又派人秘密与刘邦接触，希望与其平分关中之地而称王。刘邦接受谋臣张良的建议，一面虚与委蛇，一面又派郦食其、陆贾前去游说秦将，准备偷袭武关。赵高以为刘邦定会与自己平分关中之地，便渐渐大意起来。他以普通百姓之礼将秦二世安葬在杜南（今山西省西安市南）宜春苑中，然后又按照诸侯登基之礼，让子婴沐浴斋戒，准备登基。

按照当时的礼仪，登基大典应在祖庙中举行，子婴也必须连续斋戒五日。子婴本是个励精图治的君主，但无奈秦王朝已经分崩离析，他也无力扭转时局。他秘密召见自己的两个儿子，与他们商议说：

"赵高杀了二世皇帝，企图自立，只是担心群臣不服才立我为王。我听说赵高已经在秘密与楚人接触，阴谋尽灭秦宗室，分关中之地而称王了。赵高让我沐浴斋戒，在祖庙登基，实际上是想杀我啊！"

子婴的两个儿子惶恐道：

"那该怎么办呢？"

子婴沉思片刻，说道：

"到时候我就称病不去，赵高必然会亲自来斋宫查探情况。你们事先埋伏好刀斧手，赵高一出现，就立刻杀了他！"

子婴等人计议已定，便开始着手准备。等到举行登基大典之日，子婴果然称病不出，躲在斋宫之中秘密筹划。赵高多次派人来请，都被侍卫挡在门外。赵高大怒，心想：

"你今日必死！否则，我赵高就寝食难安了！"

于是，赵高亲自带着几名侍卫闯进斋宫。子婴见赵高来了，马上装出一副病态，倚在床上问道：

"丞相来此何事？"

赵高径直走到子婴的跟前，大声问道：

"祭祀宗庙乃是登基大典的重中之重,你为什么不去?"

子婴趁赵高不备,突然拔出宝剑将其刺死。众侍卫见赵高已死,纷纷放下武器投降。就这样,子婴设计诛杀了奸臣赵高,掌握了军政大权。

可惜的是,一切都太迟了,刘邦已经攻破武关,领兵进入关中。一路上,刘邦接受了张良、萧何等人的建议,严肃军纪,不得扰民,不得虐待俘虏。秦地百姓热烈欢呼,秦军士卒也渐渐放弃了抵抗。

汉高祖元年(公元前206年,也称为子婴元年)十月,刘邦率先抵达霸上,派人招降秦王子婴。仅仅当了46天秦王的子婴见大势已去,便用绳子系着脖子,白马素车,捧着皇帝的御玺和符节,在枳道(古驿站,在今陕西省咸阳市东北)旁向刘邦投降了。至此,秦王朝彻底灭亡。

(四)

按照楚怀王与各路起义军将领的约定,谁率先进入关中就立谁为关中王。兵力相对薄弱的刘邦居然完成了这一历史性的创举;而在正面战场上与秦军主力作战的项羽却因不听韩信等人的建议,坐失良机,依然在西进的途中。

刘邦得到了一个千载难逢的好机会,立即在樊哙、张良等人的劝说下,一改过去贪财好色的作风,与百姓约法三章,于民秋毫无犯。关中百姓人人拥戴刘邦,唯恐将来在秦地称王的不是他。有人还趁机对刘邦说:

"秦地的富足是其他地区的10倍,地理形势又好,现在听说章邯投降了项羽,项羽给他的封号是雍王,要在关中称王。如今章邯正跟随项羽向西而来,窃以为,沛公并不是项羽的对手。一旦项羽入关,你恐怕就不能拥有这个地方了。当今之计不如派兵守住函谷关,堵住项羽,然后再逐步征集关中的士卒,加强自己的实力,东向争夺天下。"

　　刘邦认为此人说得很有道理，就依从了他的计策。不过，刘邦深知项羽神勇，且兵精粮足，自己绝不是他的对手。怎么办呢？左思右想之后，刘邦一边加强函谷关的防御力量，一边封存府库，将军队返回灞上。如果将来项羽攻下函谷关，他就可以说自己不敢与项羽争功，进入关中不过是为项羽看守家业而已。刘邦的这个如意算盘打得很精准，张良、萧何、樊哙、周勃、郦食其、陆贾等人都佩服得五体投地。

　　这时，项羽的大军才行至新安（今河南省新安县）。60余万诸侯联军一路浩浩荡荡地向西而行，其中有20万是投降的秦军士卒。项羽悍勇，但却缺乏政治眼光。诸侯联军军纪涣散，一路上烧杀抢掠，弄得民怨沸腾。而且，他的俘虏政策也做得不大好，诸侯联军士卒对待投降的秦军就像对待奴隶一样，不但要他们干重活粗活，还经常打骂他们。

　　秦军士卒不服，私下纷纷议论说：

　　"章将军骗我们投降了诸侯军，如果能够入关灭秦，倒是很好；如果不能，诸侯军俘虏我们退回关东，朝廷必定会把我们父母妻儿全都杀掉。"

　　诸侯联军的将军们听到秦军士卒的议论，立即向项羽作了汇报。项羽大惊，急忙召见当阳君英布、蒲将军等心腹商议对策。项羽说：

　　"秦军降卒尚有20余万，不可小觑。如今他们心有不服，如果到了关中造反的话，就大事不妙了！"

　　英布、蒲将军忙问道：

　　"那我们该怎么办？"

　　项羽沉思片晌，阴沉着脸说：

　　"不如现在就全部把他们杀掉，只带着章邯、长史司马欣和都尉董翳入秦。"

　　英布与蒲将军点头同意，当夜便率部出其不意地围困了秦降卒，将20余万人全部坑杀在新安城南。残暴的项羽由此大失民心，注定了失败的结局。

是年十一月，项羽率诸侯联军进入秦地。先头部队派使者来报：

"函谷关有重兵把守，我军无法通行。"

项羽大怒，问道：

"守关者是哪路兵马？"

使者报告说：

"武安侯沛公的兵马。而且末将还听说，沛公已经攻破咸阳，现在驻军霸上了。"

项羽更加生气，喝道：

"这个小混混竟然敢欺负我！"

突然，项羽想到了曾经建议他火速入关的韩信。他抬眼望了望披坚执锐的郎中韩信，心里五味杂陈，颇不是滋味。他很后悔当初没有听从韩信的建议，但同时也怕韩信笑话他。既然过错已经无法挽回，那就干脆错到底吧！

想到这里，项羽立即命当阳君英布为先锋，攻打函谷关。英布有万夫不当之勇，三下五除二就攻破了函谷关，引项羽入关去了。

得意洋洋的项羽又看了看身边的韩信，似乎在说：

"看吧，就算他刘邦赶在我前头入关也无济于事，我项羽照样可以灭了他！"

第七章　鸿门之宴

汉得天下，皆韩信功。

——《十七史商榷·陈平邪说》

（一）

项羽入关后，率大军驻扎在新丰县鸿门（今陕西省西安市临潼区新丰镇鸿门堡村）。而刘邦已先于十月攻破武关，进入关中。因惧怕项羽，还军灞上。此时，刘邦麾下的将军们也纷纷打起了自己的小算盘。项羽拥兵40万，粮草充足，而刘邦只有区区10万之兵。很显然，一旦两军打起来，刘邦根本不是项羽的对手。左司马曹无伤有意投靠项羽，便派人对项羽说：

"沛公想据关中而王，让子婴做他的宰相，霸占所有的金银珠宝。"

项羽大怒，下令道：

"立即犒劳士卒，让他们去消灭刘邦。"

这时范增在一旁说：

"刘邦在山东时，贪财好色，完全是一副小混混的德行。但自从他进入关中之后，不但分文不取，连美色也不亲近了，这说明他的志向不小啊！我曾叫人去看过他那里的云气，发现皆为龙虎形状，呈五彩颜色。这是天子的云气啊！希望大王赶快消灭他，再也不要坐失良机了！"

范增足智多谋，被项羽尊为亚父。既然连亚父范增都认为应该早点诛杀刘邦，项羽这次是真的下定决心了。然而，身为郎中的韩信此时却有了其他想法。虽然职位不高，但因职责关系，韩信也能经常接近项羽。他对项羽失去先入关中之机深感遗憾，又想到自己满腹韬略，跟着项羽南征北战两年多，却只做了个披坚执锐的郎中，因此产生了离开的念头。

此时，天下已经初定，除了刘邦有统一天下之心外，其他诸侯都唯项羽马首是瞻。如果离开项羽，韩信就只能投奔刘邦。但韩信的个性中又掺杂着些许浪漫的成分，崇敬英雄，而鄙弃乡间无赖。与力能扛鼎、叱咤风云的项羽相比，刘邦无疑是个品行不端的人。因此，不到万不得已的时候，韩信是不愿投靠刘邦的。

在范增的劝说下，项羽也准备诛杀刘邦，弥补过去的错误，这又让落寞的韩信重新燃起了希望。但韩信怎么也没想到，他刚刚燃起的希望在几天之后就被项羽无情地浇灭了。

项羽的叔叔项伯官至楚国左尹，位高权重，但却是一个不分轻重缓急之人。他素日与张良关系不错，经常在一起讨论天下局势。项伯得知项羽要杀刘邦，唯恐株连张良，便连夜赶到灞上，私会张良。项伯将项羽要杀刘邦的计划详细地向张良说了一遍，然后拉着张良说：

"你还是跟我一起走吧，不走就会一起被诛杀的！"

张良略一沉思，回答说：

"我奉韩王之命护送沛公入关，他现在有急难，我怎么能弃之而去呢？这是不道义的行为啊！我必须将此事告诉沛公。"

随后，张良进入刘邦的大帐，将此事详细地告诉了刘邦。刘邦吓得惊慌失措，不知如何是好。

这时张良问刘邦：

"是谁让大王据住函谷关的呢？"

刘邦难为情地说：

"一个浅陋无知的人劝我说：'把守住函谷关，不要让诸侯进来，秦国所有的地盘都可以由你称王了。'我听信了他的话。"

张良又问：

"大王觉得您的军队能够抵挡住项王的军队吗？"

刘邦沉默一会儿，缓缓说道：

"本来就不如人家，怎么挡得住呢？现在我该怎么办呢？"

张良想了一会儿，说道：

"大王请放心，我去告诉项伯，就说沛公不敢背叛项王。"

"你怎么和项伯有交情？"刘邦不解地问。

张良回答说：

"在秦朝时，项伯就和我有些交往。项伯曾杀过人，是我帮他逃亡的。所以现在有紧急情况，他就来告诉我了。"

"你与他谁大谁小？"刘邦又问。

"他比我大几岁。"

刘邦又急忙说：

"那赶紧把他请进来，我必须像兄长一样对待他。"

张良出去把项伯邀进帐内拜见刘邦。刘邦马上奉上一杯酒为项伯祝福，并与项伯约为儿女亲家。项伯平日在项羽那里很不受重视，见刘邦如此厚待自己，心中大喜，很快就飘飘然起来。

刘邦又端起一杯酒，双手举到项伯面前，恭敬地说道：

"我进入关中之后，不敢沾染任何财物，而是登记官吏和百姓，封闭府库，以待项王。我之所以派遣官兵去把守函谷关，是为了防备其他盗贼进入关中。我等日日夜夜都在盼望项王的到来，怎么敢反叛呢？希望您转告项王，就说我刘邦是不敢忘恩负义的。"

项伯终于被刘邦说服了，决定在项羽面前替刘邦求情。临别时，项伯对刘邦说：

"你明天早点来向项王谢罪，其他的事情就交给我吧！"

刘邦大喜，忙不迭地答应说：

"好，好。"

（二）

项伯回到鸿门后，立即来到项羽的大帐，将刘邦的话原原本本地告诉给项羽。项羽将信将疑，问道：

"刘邦果真没有反我之意？"

项伯信誓旦旦地回答道：

"刘邦绝对没有谋反之意。再说，如果不是刘邦先攻破关中，你怎么进得来呢？现在人家有大功，你却要打人家，这是不仁义的。我认为，不如趁机友好地款待他。"

项羽沉思片晌，认为项伯说得有理，就将诛杀刘邦的事忘到九霄云外了。

第二天一大早，刘邦便带着百余骑来到鸿门，向项羽谢罪说：

"我和将军合力攻打秦国，将军在黄河以北作战，我在黄河以南作战。我从来没有想过自己能率先攻入关中，在这里等候将军。现在有小人从中挑拨，使将军和我之间有了隔阂。"

项羽见刘邦态度恭敬，心中的怒气顿时散尽，缓缓说道：

"这是你的左司马曹无伤说的。不然的话，我怎么会这样呢？"

一番寒暄之后，项羽的情绪渐渐高涨起来，遂留刘邦一行在帐中饮酒。项羽、项伯坐在上首，范增面南而坐，刘邦面北而坐，张良则坐在下首相陪。席间，范增多次举起他所佩戴的玉佩，示意项羽动手杀掉刘邦，但项羽始终没有反应。

范增跟随项羽多年，知道他是一个多情重义之人，现在定是不忍诛杀刘邦，因此借故走出大帐，招来项庄。项庄是项羽的堂弟，自幼跟项羽一起长大。范增对项庄说：

"项王心肠太软，不忍下手。你进去上前祝酒，请求舞剑助兴，伺机杀掉刘邦。不然的话，你们都会成为他的俘虏！"

项庄领命，提剑步入大帐，上前祝酒。祝酒已毕，项庄说道：

"大王和沛公饮酒，军营里也没有什么娱乐，请让我为大王和沛公舞剑助兴吧。"

项羽微笑道：

"好。"

项庄拔剑起舞，剑剑指向刘邦。项伯见状，也急忙拔剑起舞，用身体挡住刘邦。项庄找不到下手的机会，舞了一阵之后，只好悻悻地离开了。

这时张良借故走出大帐，招来樊哙。樊哙问道：

"今天的事情怎样？"

张良说：

"非常危急！项庄舞剑，意在沛公。"

樊哙大惊失色，忙道：

"那快让我进去，不行就和他们拼了！"

说罢，樊哙右手提剑，左手挽着盾牌，冲破守卫，来到大帐之内。项羽见樊哙双目圆睁，头发倒竖，满脸杀气，厉声问道：

"你是何人？来此何干？"

张良在一旁回答说：

"他是沛公的卫士樊哙。"

项羽一听，不禁赞叹道：

"真是个壮士啊！快赏他一杯酒。"

左右闻言，立即上前递给樊哙一大杯酒。樊哙拜谢后，起身一饮而尽，豪气干云。项羽大笑道：

"果然爽快！再赏给他一只猪腿。"

左右故意为难樊哙，给了他一条半生的猪腿。但樊哙毫不在意，将猪腿放在盾牌上，用剑切成大块，美美地吃了起来。

项羽见樊哙如此豪气，又赞誉道：

"真乃壮士也！还能再喝酒吗？"

樊哙凛然答道：

"死尚且不怕，何惧一杯酒呢？秦王有虎狼之心，杀人唯恐不尽，对人用刑无所不用其极，天下老百姓都背叛了他。楚怀王曾经和诸将约定：谁先进入咸阳，就立谁为关中王。如今沛公率先攻破咸阳，但却不敢居功，而是封闭宫室、府库，还军灞上，等待大王前来。他之所以派遣将士把守函谷关，完全是为了防备其他盗贼。沛公劳苦功高，非但没有得到封侯的赏赐，还因小人之言险些被大王所杀。大王的这种做法和秦王有什么区别呢？臣窃以为，大王不应该这样。"

项羽沉默半晌，指着张良边上的座位对樊哙说道：

"坐下吧！"

樊哙刚坐下一会儿，刘邦便借口上厕所，然后拉着樊哙、张良走出大帐。刘邦对樊哙说：

"为了保命，还是尽早离开为妙。只不过，刚才出来没有告辞，这怎么办呢？"

樊哙不屑地说：

"欲成大事者，岂能顾虑这些小节？如今我们就像是砧板上的鱼和肉，人家就像是切肉的刀，还说什么告辞的话呢？还是速速离开吧！"

刘邦颔首同意，让张良留下向项羽辞谢，自己则带着樊哙、夏侯婴等亲信从小路逃回灞上。临行前，张良问刘邦：

"大王来时带些什么礼物？"

刘邦回答说：

"我带了一对白玉璧，准备献给项王；还有一对玉酒杯，要送给范增。刚才没敢献，你一会替我献吧。"

项羽见刘邦等人久久不回，便让都尉陈平出去寻找。陈平是阳武（今河南省原阳县东南）人，出身低微，但饱读诗书，满腹韬略，但颇不受项羽重视。他在席间见到刘邦，便知将来夺取项王天下的必是刘邦，由此产生了弃项羽而投刘邦的念头。所以，陈平假意出去寻找一番，就回来禀告说：

"沛公等人正在上厕所。"

过了好半天，张良估计刘邦等人已经回到灞上了，就走进大帐，对项羽辞谢说：

"沛公酒量浅，已经喝醉了，不能亲自前来向大王告辞，谨叫我奉上白玉璧一对，敬献给大王；还有玉杯一对，敬献给范大将军。"

项羽忙问：

"沛公在哪里？"

张良回答说：

"听说大王有意责备他，他已经回到军中了。"

项羽接过白玉璧，默然放在座位上。范增接过玉杯后，一把将其丢在地上，拔剑乱砍，气愤地对项羽说：

"你真是不足与谋啊！将来夺取项王天下的一定是沛公，我们这些人已经是他的俘虏了！"

<h1 style="text-align:center">（三）</h1>

项羽在鸿门宴上错过了诛杀刘邦的机会，而刘邦一回到军营就立即下令杀掉了叛徒曹无伤。

看着眼前发生的一切，韩信十分难过。他不但为项羽感到惋惜，也为自己哀叹不已。与范增、陈平等人一样，他已经敏锐地意识到，项羽根本无法成就霸业，将来一统天下的必是刘邦。既然如此，自己作为一个微不足道的郎中，在项羽身边也就不会再有出人头地的机会了。

韩信的判断是正确的。几天之后，项羽领兵进入咸阳，杀掉了秦降王子婴，屠城数日，又一把大火烧掉了咸阳宫，大火连烧数日而不灭。项羽的种种表现说明，他已经从昔日的大英雄变成了一个暴君。

项羽还尽收关中的金银、珠宝、美女，准备返回楚地。有人建议说：

"关中之地易守难攻，且土地肥沃，物产丰富，在此建都定能成就万世不易之霸业。"

然而项羽不以为然：

"富贵不还乡，如锦衣夜行，有谁会知道呢？"

不少人都为项羽感到惋惜，认为他不该弃关中而去。那个建议项羽在关中建都的人更是直言不讳地说：

"我听说，楚国人沐猴而冠，起初还不相信。如今看来，这句话一点也不假。"

项羽闻知此事后，立即将那人抓住，丢在油锅里烹死了。

汉高祖元年春，项羽派人前往彭城，去问楚怀王如何分封天下。楚怀王回答说：

"就按照我们之前的约定分封吧。"

实际上，项羽早有打算，他派人去问楚怀王不过是走走过场而已。项羽与各诸侯及诸将商议之后，决定尊楚怀王为义帝，作为形式上的天下共主。接下来，项羽便开始分封天下诸侯了。在各诸侯和义军将领中，项羽最不放心的是刘邦。按照义帝与诸将的约定，项羽应该封刘邦为关中王。但作为一名杰出的军事家，项羽明白这样做的后果。刘邦野心勃勃，定然会据关中之地，效法当年的秦始皇，东向争霸，一统天下。

为防范刘邦东向争夺天下，项羽与范增秘密商议对策。范增说：

"既然义帝与诸将有约在先，就不得不将刘邦封于关中。否则，大王负约，恐天下诸侯不服啊！"

项羽也说：

"亚父所言极是。但刘邦野心勃勃，不得不防。"

范增说：

"巴、蜀之地山高路远，但早已归属秦国。早些时候，秦国流放的犯人多居住在那里。可以说，巴、蜀之地也属于关中。"

项羽闻言大喜，立即封刘邦为汉王，领巴、蜀、汉中之地，以南郑（今山西省南郑县）为都。为防止刘邦北出秦岭而取关中，项羽又封秦朝降将章邯为雍王，领咸阳以西的土地，以废丘（今陕西省兴平县东南）为都；封司马欣为塞王，领咸阳以东至黄河岸边之地，以栎阳（今陕西省西安市临潼区北部）为都；封董翳为翟王，领上郡（今陕西省东北）之地，以高奴（旧址说法不一，一般认为即今陕西省延安市）为都，从而牢牢地守住关中，牵制刘邦的势力。

第八章　离楚归汉

（韩）信之用兵，古今一人而已。

——（南宋）陈亮

（一）

除刘邦、章邯、司马欣和董翳外，项羽还分封了14名诸侯，合称为十八诸侯。其中，魏王豹被改封为西魏王，领河东之地，都平阳（今山西省临汾西北）。魏王豹是原魏国的王室成员，在反秦斗争中没有建立什么功勋，很不受项羽的重视，因此被改封为西魏王。赵国宰相张耳手下的宠臣申阳因在项羽渡河南下之时立下战功，被项羽封为河南王，都洛阳。韩王成仍做他的韩王，都阳翟（今河南省禹县）。赵将司马卬因战功被封为殷王，领河内之地，都朝歌（今河南省淇县）。赵王歇因未亲自跟随项羽伐秦，被改封为代王，都代（今河北省蔚县东北）。赵国宰相张耳被封为常山王，领赵地，都襄国（今河北省邢台市）。项羽手下的大将英布被封为九江王，都六（今安徽省六安东北）。跟随项羽多年的百越将领吴芮被封为衡山王，都邾（今湖北省黄冈市）。楚国贵族、义帝的柱国共敖因战功被封为临江王，都江陵（今湖北省江陵县）。燕王韩广因未亲自跟随项羽伐秦而被改封为辽东王，都无终（今天津市蓟县）。原燕国大将藏荼因战功被封为燕王，都蓟（今北京市西南部）。原齐王田市因未亲自跟随项羽伐秦而被改封为胶东王，都即墨（今山东省平度市东南）。跟随项羽伐秦的齐将田都被封为齐王，都临淄（今山东省淄博市东北）。齐王建的孙子田安则被封为济北王，都博阳（今山东省泰安市东南）。

项羽分封十八诸侯，一下子又将中华大地带回到封建割据时代。再加上项羽在分封过程中没有考虑到公平原则和长远利益，在各诸侯之间人为地留下了许多矛盾，为下一轮动乱的产生留下了许多隐患。

首先，项羽未能按照事先的约定封刘邦为关中王，而是将其困于巴、蜀和汉中之地。

其次，燕王韩广与赵王歇在燕地和赵地都颇有名望，但却因未亲自跟随项羽西征就被改封为辽东王和代王，而他们原先的臣子却被封为燕王和常山王。

这些，无疑都是乱国之兆。

除此之外，一些战功卓著之人，如原齐王田市的叔叔、齐相田荣，一直在中原独立作战的彭越，原赵国大将陈余等人，都被项羽排除在诸侯之外。很明显，这些功勋卓著且手握兵权的人无论如何也不会善罢甘休的。

分封诸侯后，项羽又自封为西楚霸王，都彭城。从"西楚霸王"这个称谓上可以看出，项羽是将自己置于了实际的天下共主之位。而那个名义上的天下共主——义帝，已经没什么价值了。为一劳永逸地解决义帝这个问题，残暴的项羽想到了一个恶毒的办法。

汉高祖元年四月，项羽令各诸侯到封地就职，自己也领着大军往彭城而去。与此同时，项羽又派人对义帝说：

"臣听说古代的帝王地方千里，必居上游。"

义帝闻言大惊，知道项羽是要将自己废置于偏僻之地。

果不其然，项羽的大军还未到彭城，一些士卒就强行将义帝熊心迁往郴县（今湖南省郴州市）。义帝一行溯江而上，突然遇到衡山王吴芮和临江王共敖的士卒，结果被乱箭射死。很明显，这一切都是项羽有意安排的。

天下初定，项羽就诛杀了义帝，这一事件立即揭开了下一轮混乱的序幕。一些诸侯国内部本来就矛盾重重，混战一触即发。项羽的这一开头让不少人立即效仿起来，纷纷诛杀王室，划定地盘，培植自己的割据势力。

（二）

看着项羽的所作所为，韩信终于忍无可忍，毅然决定弃楚投汉。打定主意后，韩信便在一个月黑风高之夜悄悄离开了楚军，直奔汉中而去。

此时，刘邦正与他手下的一帮谋臣武将，如张良、萧何、樊哙、周勃、郦食其等人领兵缓缓而行，看上去心情十分沉重。刘邦所烦恼的事情有两件：其一，他本应被封为汉中王，但却被围困在偏僻的巴、蜀之地；其二，张良马上就要离开汉军，去辅佐故主韩王成。

一路上，刘邦闷闷不乐。张良虽然百般宽慰，也无济于事。当大军行至秦岭，一行人看到栈道艰险，只容一人通过时，张良突然心生一计，对刘邦说：

"大王何不烧绝栈道，向天下表明没有返回关中之意？如此一来，项王必然会放松对大王的防备，大王也好暗中积蓄力量。"

刘邦闻言大喜，立即下令：

"大军通过栈道之后，立即将其烧毁。"

张良将刘邦送至褒中（今陕西省汉中市西北褒城镇）后便匆匆离开了。刘邦百般不舍，但又无可奈何，只得放张良往韩国方向去了。就在这时，侍卫报告说：

"启禀大王，项王身边的郎中韩信来投。"

刘邦一听来投靠自己的是个郎中，便漫不经心地问：

"韩信？他是什么人？寡人怎么从来没有听说这个人？"

侍卫答道：

"韩信乃淮阴人，自幼熟读兵书，起初跟随项梁，后投靠项羽。在项王帐下担任郎中之职两年有余，因不满项王的作风而改投大王。"

刘邦心想，韩信在项羽帐下两年有余，依然只是个小小的郎中，看来也没什么真本事。不过，既然他能从项羽的帐下来投靠自己，也不能不接受他，因此说道：

"让他进来吧。"

韩信来到刘邦的大帐，施礼问候：

"淮阴人韩信拜见大王！"

刘邦抬起头，见韩信生得身材高大，相貌英俊，很适合做接待宾客的工作，便说：

"你初来投靠寡人，没建立什么功劳，所以官位也不宜太高。这样吧，你先做连敖，待以后有功，寡人自会提拔你。"

韩信闻言，有些不快。他弃楚投汉的主要原因，就是在楚军中两年多始终只是个披坚执锐的郎中，地位卑微。他本来以为，凭借自己满腹的经纶，刘邦定会给他一个将军的职位，没想到刘邦居然让他做接待宾客的连敖。这个职位并不比郎中高，且接近高层的机会也比较少。

刘邦见韩信一脸的不情愿，心生厌恶，挥了挥手，让他离开。韩信悄然退出大帐，做他的连敖去了。由于心中不满，韩信在工作上也没做出什么成绩，有一次他甚至还被卷入一起案件中，按律当斩。韩信见自己恐怕就要这样稀里糊涂地丢掉性命了，急忙对看押他们的军官说：

"我是大王亲自委任的连敖，要斩也得经过大王同意！"

那名军官大笑起来，鄙夷地说：

"你以为大王还记得你吗？哈哈……他日理万机，怎么会记得你这个小小的连敖呢？你就等着受死吧！"

第二天，韩信和其他13名犯人被押到一片开阔之地准备问斩。时值七月，天气炎热，雨水充沛，到处都长满了绿油油的野草，其中还夹杂着一些不知名的小花，十分美丽。但韩信哪有心情欣赏风景呢？往事一幕幕在他的脑海中浮现，他想到了母亲，想起了自己在灯下苦读兵书的场景，想到了南昌亭长和他的妻子，想到了淮阴城边那个漂洗衣物的老妈妈，想到了城中的少年屠户……

想着想着，韩信不禁感叹道：

"想不到我韩信竟然会这样死在荒郊野外！"

押送犯人的士卒斥责道：

"发什么牢骚！有牢骚去对阎王爷发吧！"

韩信斜眼看了那人一眼，闭上了眼睛。太阳渐渐升高了，晒得人脊背生疼。监斩官有些不耐烦，对着刽子手吼道：

"快让犯人一字排开，跪在地上，准备行刑。"

刽子手依言而行，来到被五花大绑的韩信等人面前，对着他们的膝盖弯踢去。韩信等人被冷不丁地一踢，纷纷"扑通"跪在地上。韩信抬头看了看太阳，马上就要到行刑之时了。他又转头看了看跪在身边的犯人，他们有的在默默流泪，有的面无表情地看着前方，有的则被吓得尿了裤子，瑟瑟发抖……

（三）

就在韩信打量身边的犯人时，监斩官高声喊道：

"午时三刻已到，立即行刑。"

刽子手闻言，右手提刀，左手端起酒碗，满满地噙了一口酒，对着大刀喷去。酒水顺着明晃晃的大刀流了下去，反射着阳光，异常刺眼。韩信微微闭上眼睛，仰起头，做好了受死的准备。

韩信耳边先是传来"咔咔"的声音，随后又传来重物落在草地上的沉闷之声。韩信知道，前面的几个犯人已经人头落地，再也不能说话了。过了一会儿，韩信又听到"噗"一声，脖子上一凉，酒顺着脖子流到背上。韩信知道，这是刽子手在朝自己的脖子喷酒，是行刑前的最后一道工序。

韩信忽然睁开眼睛，盯住刽子手手中的大刀。刽子手杀人无数，从未见过哪个犯人敢在行刑之时盯着大刀看的，心里猛地一惊，打了个冷战。刽子手又马上调整一下自己的情绪，大喝一声，猛地举起手中的刀，准备砍下去……

就在这时，不远处传来"嗒嗒"的马蹄声。韩信放眼望去，只见滕公夏侯婴正朝刑场而来。韩信忽然铆足了劲，对着夏侯婴喊了起来：

"滕公，汉王不是要成就一统天下的霸业吗？为什么要在这个时候斩杀壮士呢？"

夏侯婴一听，心里一惊。刘邦想要一统天下，这可是高度机密，整个汉军之中没几个人知道，一个即将赶赴鬼门关的死囚怎么会知道呢？夏侯婴来不及多想，立即大喝道：

"刀下留人！"

夏侯婴发话，监斩官岂敢怠慢，急忙起身道：

"谨遵滕公之命！"

夏侯婴翻身下马，来到韩信面前，解开他身上的绳索，大声道：

"小子，跟我来吧！"

韩信万万没想到，自己竟然能在最后一刻保住性命，而且还能结识夏侯婴。他立即转忧为喜，跟着夏侯婴来到军营。

坐定之后，夏侯婴摒去左右，和韩信交谈起来。韩信就天下的形势侃侃而谈，句句都能说到点子上。夏侯婴大喜，立即道：

"壮士稍坐，我去去就来。"

韩信不知道夏侯婴何意，忙说道：

"滕公若有公事，末将这就告退。"

夏侯婴双手按住韩信的双肩，大笑道：

"有公事，有公事，我为大王物色了一个奇才啊！我马上就去向大王禀告，起码给你一个将军的职位！"

韩信大喜，忙向夏侯婴深深一躬，朗声道：

"多谢滕公再造之恩！"

夏侯婴拱拱手，大笑着去向刘邦汇报。刘邦这时正为没当上关中王，但又毫无解决的办法而闷闷不乐呢。见夏侯婴进来，刘邦也顾不上君臣之礼了，忙一把拉过这个多年老友，诉苦道：

"滕公，难不成我就这样一辈子困在这偏僻之地了？"

夏侯婴朗声道：

"大王何出此言？只要有人才，大王何愁不得天下呢？"

夏侯婴这句话刚好击中了刘邦的软肋，因为张良刚刚离开不久。刘邦沮丧地说道：

"人才？哪那么容易得到啊！张良一走，寡人如失左右手啊！"

夏侯婴趁机道：

"臣为大王物色到一个奇才，其能力不亚于张良！"

刘邦斜眼看了看夏侯婴，轻描淡写地问：

"谁啊？你为什么这么看重他？"

于是，夏侯婴便将自己在刑场上遇到韩信的事说了一遍。刘邦一听是韩信，突然说道：

"我知道了，就是原先在项羽帐下做郎中的那个韩信吗？好了，既然滕公这么看重他，那就升他为治粟都尉吧。"

夏侯婴忙道：

"大王，这么安排恐怕不妥。韩信有经天纬地之才，若只给他一个治粟都尉的头衔，恐怕无法留住他啊！"

"他若真有你说的这么神奇，将来立了功再升他为将军也不迟！"刘邦有些不高兴了。

夏侯婴无奈，只好悻悻地离开刘邦大帐，去向韩信宣布新任命。

（四）

都尉是秦汉时期仅次于将军的武官，地位已经不低了。治粟都尉的职责是掌管全军的粮草，可以说是一个肥差。由一个违法当斩的连敖一跃成为管理粮草的治粟都尉，只能用"平步青云"四个字来形容了。

但韩信一点也不高兴，他满心以为，刘邦在听了夏侯婴的推荐之后，一定会给他一个将军职位，可到头来却只是个都尉，而且还是治粟都尉。换句话说，韩信这个治粟都尉虽然是个肥差，但却无法参与真正的军事行动。

但就刘邦而言，给韩信一个治粟都尉的职务已经是极大的恩遇了。韩信从军多年，始终无所知名，这不能不让刘邦对他的能力有所怀疑。甚至可以说，刘邦给韩信一个治粟都尉的职务完全是看夏侯婴的面子。

精明的韩信当然也明白这一点，因此他没有马上离开汉军，而是决定再继续等待时机，一展才华。

萧何是刘邦的丞相，即管理内政的最高长官，管理粮草也是他的分内之事。韩信当上治粟都尉后，难免要和他的顶头上司萧何打交道。于是，韩信一有机会就向萧何吐露自己的胸中大志，让萧何认识到自己的盖世才华。一来二去，萧何彻底被韩信的才华征服了。

对刘邦忠心耿耿的萧何决定向刘邦推荐韩信，但他知道这件事不能操之过急，必须等待良机。

一次，刘邦又皱着眉头对萧何说：

"难道寡人一辈子都要待在巴、蜀和汉中之地吗？在这偏僻之地，寡人一天也待不下去了。寡人一定要打回去！"

萧何见机会难得，忙进谏说：

"大王，行军布阵须有良才。只要有了运筹帷幄的将领，何愁不能得天下呢？"

刘邦凄然道：

"千金易得，一将难求啊！张良走了，寡人如失左右手，如今到哪里去找像张良这样的贤才啊！"

萧何忙道：

"臣知道一人，其才不在张良之下。"

"谁？"

"治粟都尉韩信。臣与他交谈多次，深知他有经天纬地之才！"

刘邦一听萧何推荐的又是韩信，摇摇头说：

"韩信哪有什么才能呢？他在项羽军中待了两年多，也不过是个披坚执锐的郎中。我是看在滕公的面子上，才给他个治粟都尉的职位。我听说，这个人没什么志气，曾在淮阴闹市钻过人家的裤裆。"

"但这正是韩信能忍辱负重的表现啊！"萧何还是极力推荐韩信。

刘邦摇摇头说：

"不要再说了。任用一个只会钻别人裤裆的人为将，三军岂能服气？"

萧何无奈，只好离开刘邦的大帐，心里颇不是滋味。

第二天，萧何又去见刘邦，劝他说：

"大王，不能坐失良机啊！大将人选就在眼前，不能让他离开啊！"

刘邦板着脸，问道：

"你说的大将之才又是韩信？"

"正是。"萧何点头回答说。

刘邦坚决地摇摇头，厉声道：

"请丞相不要再提这件事了。无论如何，我是不会拜韩信为将的。寡人心情不好，你陪我去喝几杯吧！"

萧何见刘邦心情不爽，便不敢再提拜韩信为将之事，只得陪刘邦喝起了闷酒。席间，刘邦多次凄然说道：

"丞相啊，寡人心里苦啊！如今，我们实力比不上项羽，又窝在这偏僻之地，什么时候才能杀回山东啊！"

萧何百般安慰，但始终无法让刘邦振奋起来。他知道，除非能找到杀回山东之策，否则刘邦是无法振作起来的。如果长期这样下去，汉军必乱，他们多年打拼得来的成果也要付诸东流了。

韩信才华出众，无人能比，就连汉高祖刘邦也无法与其相提并论。刘邦曾公开对群臣说："连百万之军，战必胜，攻必取，吾不如韩信。"

第九章　萧何识才

伊夔事业扶千载，韩白机谋冠九州。

————《全唐诗·卷六五七·罗隐·钱尚父生日》

（一）

汉高祖元年仲夏，刘邦的人马全部开到了都城南郑。当时，南郑一带人烟稀少，城中居民不足一万，出城就是荒山野岭，数十里看不到人烟。刘邦的人马有10万之多，而南郑一带根本养活不了这么多人马。无奈之下，刘邦只好让各将领领兵到别地就食。

诸将领兵来到防区，顿时叫苦不迭。南郑虽然荒僻，但尚有数千居民，其他地区几乎全部是未经开发的原始森林，连个人影都没有。刘邦的士卒大多都是山东一带的居民，那里土地肥沃，市井繁华，如何能忍受这种苦楚？再说，暴秦已灭，人心思定，谁不想回到家乡和家人团聚呢？

不久，汉军士卒便纷纷逃离汉中，往山东而去。诸将赶忙向刘邦汇报，企图阻止逃亡的发生。苦闷不已的刘邦闻知这一讯息，顿时大怒，下令道：

"凡是逃亡者，一律处死！"

诸将依令而行，然而士卒逃亡之风非但没有丝毫减轻的迹象，反而愈演愈烈。刘邦无奈，只好再次严令：

"营中有人逃亡，所有官兵须连坐受罚！"

此令一下，士卒议论纷纷，颇感不满：

"当初跟随大王，不过是想推翻暴秦的统治。如今暴秦已灭，我等却落了个背井离乡的下场。兄弟们思念家人，想返回家乡，这是人之常情，没想到大王竟然这样不通情理。与其连坐受罚而死，不如一起逃亡算了。"

一些下级军官也纷纷附和道：

"说得有理。不过，这事一定保密，要逃就一起逃！"

当夜，数营汉军在下级军官的带领下悄悄离开了营地，往东而去。待将军们发现空空如也的军营时，士卒们早已逃远，再也追不上了。

刘邦得知这一情况后，顿时没了主意，只好撤销了原先的命令，对逃亡者从宽处理，对归来者既往不咎。

谁知过了几天后，一些高级军官，如将军、都尉等，也纷纷弃甲而逃。一时间，汉军军心涣散，眼看着就要瓦解了。刘邦万分焦虑，但又无可奈何。萧何等人建议关闭城门，派亲信把守，没有刘邦或萧何的手谕，任何人不得出城。

此时韩信的心情也十分低落。他知道，萧何等人肯定已多次向刘邦推荐自己了，但自己始终不被重用，这说明刘邦根本没把自己放在眼里。

韩信喝着闷酒，仰天长叹道：

"我韩信难道注定要默默无闻一生吗？罢了，罢了，此处不留人，自有留人处。如今山东群雄并立，不愁找不到立足之地。何况，我韩信投靠谁，谁就能获得天下！"

计划已定，韩信便吩咐下属道：

"赶快备马，丞相命我出城办事。把我的行李捆上，多包点干粮。"

士卒领命而去，不一会儿就准备好了。

黄昏时分，韩信骑马直奔东门而去。守门的下级军官拦住韩信，大声问道：

"韩都尉哪里去？可有大王或丞相的手谕？"

韩信也不下马，只是欠欠身，朗声道：

"韩某奉丞相之命出门办事，事出紧急，未曾拿到手谕。"

"可是大王有令，未获得大王或丞相的手谕，任何人不得出城。"
军官有些为难。

韩信扬鞭指了指守门的军官，厉声道：

"耽误了丞相的大事，你怎担当得起？快快打开城门，放我出城，
否则的话……"

说到这里，韩信斜眼看了看那军官，"哼"了一声，不再说话。守
门军官无奈，只好令士卒打开城门，放韩信出城去了。

韩信出东门后，纵马而去，不一会儿便消失在了暮色中。

（二）

韩信出城后，把守东门的军官越想越觉得不对劲。丞相既然派韩信
出城办事，又怎么会不给他出城的手谕呢？想到这里，他急忙派士卒
去相府向萧何禀告此事。

当时萧何正在吃晚饭，一听说韩信出城去了，气得直跺着脚：

"这小子是要逃走啊！怎么办是好？怎么办是好？"

萧何围着餐桌转了两圈，大声吩咐道：

"赶快备马！"

下人不敢怠慢，立即准备了一匹快马。萧何顾不得多想，骑上马直
奔东门而去。守门的下级军官见到萧何，忙问：

"丞相，韩都尉说奉你之命出城办事去了，可有此事？"

萧何顾不上和那人解释，厉声道：

"快开城门。"

丞相要出城，守门的军官不敢阻拦，立即打开城门，放萧何出城。
当时，汉中一带尚未开发，往东只有一条小道可行。萧何料定韩信定

会沿着小道一直向东，便扬鞭打马，全速追赶。

天色渐渐晚了，一轮明月从东方升起，月光洒在小道上，明晃晃的，像是一地水银。萧何思绪万千，他想起了跟随刘邦斩白蛇起义的岁月，想起了刘邦窝在汉中闷闷不乐的样子。如今，刘邦身边的猛将不少，如樊哙、曹参、灌婴、周勃等人，但自从张良走了之后，就没人为其出谋划策了。

所谓"运筹帷幄之中，决策千里之外"，当今天下配得上这个赞誉的人不多，恐怕只有韩王成身边的张良、项羽身边的范增和正在逃亡的韩信当得起了。如果刘邦想在汉中称王，凭借樊哙、曹参等人的辅佐，或许还能勉强应付。但如果东向争夺天下，就非要拜韩信为大将不可。因为樊哙、曹参等人不是出身市井的小民，就是出身不高的地方小吏，要他们披坚执锐，带领数万士卒冲锋陷阵，毫无问题；但如果汉军的实力再强大些，这些丝毫不懂行军布阵的将军根本无法指挥。想到这里，萧何不觉加快了追赶韩信的速度。

夜半时分，守门的军官突然惊叫道：

"不好，我们中了丞相和韩信之计，他们多半是一起逃走了！快去禀告大王！"

士卒闻言大惊，不敢怠慢，急忙来到刘邦的王宫，向刘邦汇报。

刘邦一听说萧何也走了，一下子跌坐在榻上，眼泪止不住地流了下来。张良和萧何是他的左膀右臂。如今张良走了，刘邦如失一臂；要是连萧何也走了，那他刘邦岂不成了无臂之人？

刘邦无力地挥挥手，示意左右退下去。众人离开之后，刘邦终于忍不住，趴在榻上痛哭起来。

（三）

离开南郑时，韩信的心里也很不是滋味。虽然他已决定弃刘邦而去，但还尚未拿定主意去投靠谁。他是从项羽那里逃出来的，彭城自然是不能去了；衡山王吴芮、临江王共敖和九江王英布都唯项羽马首是瞻，投不得；韩王成在反秦斗争中没有尺寸之功，被项羽置于军中，带回彭城，此时已经被贬为侯，性命岌岌可危，投不得；辽东王韩广因不满项羽封臧荼为燕王，与臧荼爆发冲突，被杀于无终，也投不得。

除此之外，山东诸侯中以齐王田荣、赵王歇和代王陈余最有实力。齐相田荣因不满项羽改封田市为胶东王，领兵击溃了齐王田都和济北王田安，继而又杀死胶东王田市，自立为齐王，领三齐之地，实力不比刘邦弱。他还暗中封彭越为将军，令其在梁地（今河南省东部）起兵攻打项羽。

成安君陈余因不满项羽改封赵王歇为代王，暗中派张同、夏说出使齐国，对田荣说：

"项羽分封天下极不公平。他将原先的诸侯全部改封到不好的地方，而将他的手下封到肥沃之地。赵王无罪，却被他改封为代王，臣为此深感不平。我听说大王为人仗义，请你助我攻打常山王张耳，恢复赵国。臣愿意为齐国的西部屏障。"

齐王田荣闻讯大喜，立即派兵帮助陈余攻打常山王张耳。张耳不能敌，领兵四处逃窜。陈余趁机请代王赵歇返回赵国，复为赵王。赵王歇感激不尽，遂立陈余为代王，领原先的代国之地。

一时间，山东各地硝烟四起，战火纷飞，百姓苦不堪言。齐王田荣、赵王歇和代王陈余的实力虽然强劲，但他们又都距离项羽太近，随时有被消灭的危险，也不足投。

对身为军人的韩信来说，天下大乱正是他一显身手的大好时机。本来，他已为刘邦策划了一条东向争霸之路，但如今他只能离开了。可离开了刘邦，他又无处可去，这让韩信的内心矛盾不已。

韩信走得不快，萧何又一路直追，终于在月亮西落之时在米仓山

（今陕西省与四川省交界处）的一处山岭上追上了韩信。萧何见前面模模糊糊有个人影，便大声喊道：

"前行者可是韩信韩都尉？"

韩信听见背后有人喊自己，喝住马，大声问：

"来者何人？"

萧何听到韩信的声音，高兴极了，顾不得回答，急忙扬鞭策马来到韩信的面前，眉开眼笑地说：

"我终于追上你了！"

韩信看了看萧何，打趣道：

"难道丞相也在汉中待腻了，要随韩信往山东另投明主吗？"

萧何哭笑不得地跳下马，一把拉住韩信，大声说道：

"先生不能走啊！大王可以没有萧何，但却不能没有先生。"

韩信苦笑道：

"丞相是在开玩笑吧？在大王眼中，恐怕一千个韩信也比不上一个丞相。"

萧何着急地说：

"不要再说这些了！大王没有及时拜先生为将，这其中也有我的过错啊！都怪我当初没有坚持己见，才令今天先生离开。请先生跟我回去，我保证让大王拜你为上将，请先生一定要相信我！如果大王不愿意的话，我萧何就和先生一起走，另投明主！"

韩信笑道：

"看来，丞相此行非得把韩信带回去啰？"

萧何一脸严肃地说：

"非带回去不可！除非你把我杀了。"

在整个汉军之中，萧何是最了解韩信的人，可以称得上是知己。面对这样一个不知疲倦、月夜追贤的知己，韩信还能说什么？他沉思了片晌，缓缓说道：

"在汉军之中，除了丞相，韩信还能相信谁呢？好吧，我这就随你回去。至于能不能登坛拜将，那就听天由命吧！"

萧何闻言大喜，急忙纵身上马，拨转马头，领着韩信往南郑而去。如今，米仓山的孤云岭上依然有一处地名叫截贤岭，据说就是当年萧何追上韩信的地方。

（四）

萧何和韩信并马而行，一路上讨论着东向争夺天下的大事。韩信侃侃而谈，萧何则频频点头，连声称赞。两人边走边谈，十分投机，一时竟然忘记了时间，速度也渐渐慢下来，直到第三天上午才回到南郑。

守门的军官见萧何和韩信来到城门前，急忙去向刘邦汇报。此时的刘邦正在伤心落泪，萧何的离去让他六神无主、坐卧不安。现在一听说萧何回来了，他顾不得整理衣服，急忙跑出内室，来到前厅。

萧何刚刚步入前厅，刘邦就跃上前拉住萧何，又喜又气地怒骂道：

"你这个家伙！我们一起在沛县起兵反秦，如今我当上了汉中王，你当丞相，还有什么不满足的呢？你为什么要弃我而去？"

看着气急败坏的刘邦，萧何有些莫名其妙。忽然明白，原来刘邦以为他逃走了。他忙笑着安慰刘邦：

"我怎么会弃大王而去呢？我没有逃跑，而是去为大王追逃跑的人了！"

刘邦半信半疑，道：

"追逃跑的人？哪个人值得寡人的丞相亲自去追？"

"韩信。"萧何平静地回答。

刘邦一听又是这个韩信，不禁骂道：

"韩信？就是那个在项羽帐下当了两年多郎中的韩信？就是那个刚刚被提拔为治粟都尉的韩信？就是你要寡人拜他为将的韩信？我才不

信呢！韩信有什么才能，也值得你花几天的时间亲自去追？如今寡人的将军都逃走十几个了，你不去追，偏偏去追一个没什么本事的韩信？依寡人看，这其中一定有诈！你快实话实说，不要让寡人生气！"

萧何见状，诚恳地说：

"前面逃走的那些将领都算不得什么，不过是一些平庸之辈罢了！天下像那样的将军随处可见，逃了也无所谓。但像韩信这样拥有奇才大略的人才可不是什么时候都能遇到的啊！无论如何，我也要替大王把他追回来。"

刘邦无奈地摇摇头，说道：

"不说这些了。只要你回来就好，回来就好！"

萧何见刘邦不愿继续讨论韩信，忙拉住刘邦的衣袖，低声说道：

"大王是想长期在汉中称王，还是想以汉中为基地，东向争夺天下？"

刘邦见萧何说出这样没头没脑的话，气愤地说：

"丞相这不是明知故问吗？"

萧何接过话茬，说道："如果大王只打算做一个汉中王，那就不必重用韩信了；如果大王想要东向争夺天下，成就帝王伟业，就必须重用韩信。是否重用韩信，完全取决于大王的长远打算是什么。"

刘邦长叹一声，缓缓说道：

"寡人当然是想东向争夺天下了，无论如何，我也不能这样窝窝囊囊地待在这里！"

萧何立即回答说：

"大王既然要东向争天下，就得重用韩信。如果大王能重用韩信，他必会留下来为您效力；如果不能重用他，他就会逃到其他诸侯那里，为别人效力去了！像这样的千古奇才，他辅佐谁，谁就能成就千古霸业！"

刘邦被萧何的一席话说得哑口无言。过了好一会儿，刘邦才不情愿地说：

"好吧，看在丞相的面子上，我就拜韩信为将吧！"

萧何见刘邦终于松口了，又忙说道：

"大王万万不可只拜韩信为将。如果只给他一个将军的职位，他依然不会留下来。"

刘邦担心不满足萧何的愿望，萧何又会离开，就把心一横，说道：

"那么，就拜他为上将，这下总可以了吧？"

萧何这才心满意足地说：

"这样最好。"

既然要拜韩信为上将，就得先找他谈一谈。从韩信投靠汉军以来，刘邦还从未与他深谈过呢。于是，刘邦就对萧何说：

"麻烦丞相去把韩信叫来，寡人倒要看看他究竟有什么过人之处。"

萧何见状，忙说道：

"大王素来不拘礼节，平时也就罢了。但如今要拜上将，怎么也不能像招呼一个孩子那么随便。就是因为大王不尊重人才，韩信才逃走的啊！如果大王真心要拜韩信上将，就应该选择一个黄道吉日，斋戒沐浴，再专门搭建一座高坛，按照古时登坛拜将的正式礼节而行才可以。"

刘邦无奈地点点头，答应了萧何的要求，然后立即命人在南郑郊外筑起一座高坛，准备拜韩信为将。

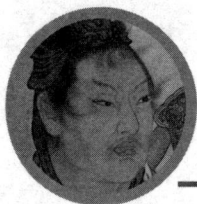

中国象棋在汉代以前就已出现了，但据说象棋的定型都是由韩信完成的。他据"奇"的谐音，把"奇"叫做"棋"，还写了一本《棋谱》。后人认为，棋虽可布阵，但不是真的两军作战，只是一种象征，所以称它为"象棋"。

第十章　汉中对策

> 韩信登坛之日，毕陈平生之画略，论楚之所以失，汉之所
> 以得，此三秦还定之谋所以卒定韩信之手也。
>
> ——（元）杨维桢

（一）

刘邦筑坛拜上将的消息传开之后，诸将喜不自胜，个个都以为只有自己才有资格当这个上将。韩信听到军中议论纷纷，说谁谁要被汉王拜为上将，心里暗暗发笑，但同时也对萧何感激不尽。在汉军之中，乃至在所有诸侯之中，韩信都是一个默默无闻之人。如果不经过正式的仪式就被拜为上将，非但不能服众，可能很多人连信都不信。所以，萧何才让刘邦举行这么一个隆重的仪式，帮助韩信在军中树立威信。

几天后，登坛拜将的仪式开始了。诸将按照刘邦的命令，将士卒全都集结在高坛四周，参加拜将仪式。直到这时，诸将领才惊奇地发现，站在刘邦身边的居然是名不见经传的韩信。他们都大失所望，小声议论说：

"大王怎么会拜这样的人为上将呢？简直是胡闹！"

韩信听到诸将的议论声，并没有生气。对大多数人来说，韩信被拜为上将确实是一件不可思议的事。他年纪轻轻，远无名望，近无战功，又没什么后台，竟然无端端地突然被拜为上将，就是普通的士卒

也无法理解，更别说那些居功自傲的将军了。

仪式正式开始了，韩信缓步登上高坛，受诸将和士卒的礼拜。然后，刘邦亲自把上将之印递到他的手中。直到此时，刘邦的心里依然在打鼓。他不知道自己的这个决定是否正确，如果韩信并不像萧何所说的那样，具有经天纬地之才，他拜韩信为上将一事定会被天下传为笑柄。

拜将仪式一结束，刘邦就把韩信、萧何、夏侯婴、曹参、樊哙、周勃等人聚到宫里，开始讨论东向争夺天下的策略了。实际上，这是刘邦对韩信的一次考核，他想看看韩信到底有没有能力当这个上将。

众人坐定之后，刘邦缓缓问道：

"上将军，丞相多次向寡人推荐你，你有什么计策要教给寡人呢？"

韩信明白，刘邦这是在考验自己。对他来说，真正重要的不是刚才的拜将仪式，而是与刘邦的这场谈话。众位将军也都屏住呼吸，静静地看着韩信，似乎在说：

"你这样轻松地当上了上将，总该拿出点真材实料让我们看看。"

韩信不慌不忙地站起来，向刘邦微微鞠躬，然后胸有成竹地问道：

"大王想要东向争夺天下，对手不就是西楚霸王项羽吗？"

刘邦答道：

"正是如此。"

韩信又问：

"大王觉得，您和项羽相比，谁作战更加英勇？谁更加懂得关心爱护部属？谁的兵力更强？"

刘邦沉思半晌，叹了口气，老老实实地承认说：

"在这些方面，寡人都比不上项羽。"

韩信听刘邦这样一说，反而高兴起来，因为他觉得刘邦能如此坦诚地承认自己的不足，可见有自知之明，是个能纳言从谏之人，值得辅佐。所以韩信朗声说道：

"臣也认为大王在这些方面比不上项羽。不过，大王既然能够坦诚承认这些，我们汉军就有希望。兵法有云，知己知彼方能百战不殆。大王能够明白自己的不足和敌人的强处，我们就能想出办法来对付他们。"

刘邦闻言大喜，急忙起身离座，来到韩信的跟前，拉着他的手说：

"请上将军教寡人该怎么做。"

韩信微微一笑，回答说：

"大王不必着急，我曾在项羽帐下待过很长一段时间，了解他的性格。他现在虽然强大，但总有一天会被大王打败的。"

（二）

刘邦听韩信说自己能打败项羽，急切地问道：

"上将军何以认为寡人必能战胜项王？"

韩信躬身下拜，说道：

"大王不必着急，请听臣慢慢道来。就个人魅力而言，大王确实比不上项王。项王英勇无比，他大吼一声就可以吓退数千勇士。但是，决定战争胜负的并不是主帅的勇猛，而是智谋与度量。项王只知道凭个人之勇去战斗，却不知道用智谋，更不能任用贤能之人来帮助自己。也就是说，项王之勇乃匹夫之勇，不足惧！"

刘邦听了韩信的这段分析，点头道：

"上将军所言极是。"

韩信又接着说：

"项王对待部下士卒也比大王友善一些。平日里，他对待士卒就像是对待兄弟一样，不仅言语温和、态度和蔼，一旦有人生了病，他还会难过得流泪，把自己的食物分给病人吃。但这只不过是妇人之仁罢了，因为一旦部下立下战功，应当得到赏赐时，他就吝啬得不得了！他把刻好的军功印信握在手中，把印信的方角都磨圆了，就是舍不得授给该受封赏之人。这样的妇人之仁，怎么能得到天下英雄豪杰的拥戴呢？当然也更不能让将士们在战场上为他死战了！"

刘邦听到韩信的这些入情入理的分析，忍不住赞扬道：

"精到，精到，果然精到！寡人真后悔自己没有早点拜你为上将啊！"

韩信又向刘邦施礼，说道：

"大王过奖了！说起军事力量对比，项王目前的实力确实比大王强数倍，足以称霸天下，令诸侯臣服。不过，他不在关中称霸，以控制天下，却定都彭城，偏居一隅，这是他的一大失策。如此一来，项王虽手握重兵，但却无法占据地利之便。"

诸将听了韩信的分析后，心中不禁暗暗佩服。他们谁也没想到，这个名不见经传的小人物竟能有如此精到的真知灼见。

韩信顿了顿，又接着说：

"项王在分封诸侯时，不遵守与义帝事先的约定，不将富庶之地分给功劳大的、有实力的英雄，而是按照个人喜好把好的地盘分封给他的亲信。所以，他虽然把天下分封给了诸侯，但许多诸侯依然对他心生不满。他强行把义帝迁往江南，给其他诸侯树立了一个很坏的榜样。诸侯纷纷效仿，一回到自己的封地就着手驱逐原来的国君，自立为主，使得各诸侯国陷入一片混乱之中。另外，项王一向残暴，所过之处，纵兵抢劫，杀人无数，弄得天怒人怨。实际上，百姓并没有多少真心归附他，大家只是敢怒不敢言罢了。所以，他的强大只是表面上的，实际上他已经失去民心了。"

刘邦越听越开心，笼罩在脸上多日的愁容也烟消云散。韩信接着说：

"所以，项王虽强，但却容易变得弱小。大王如果能反其道而行之，不逞匹夫之勇，而任用天下贤能，以集体智慧对付项王，还有什么样的敌人不能消灭呢？大王不必吝啬城池和功名，将其分封给有功之臣，还有什么样的人不愿听从大王的指挥呢？做到这些，大王再领着纪律严明的军队，驱使这些思念家乡的勇士出关中而往山东，还有什么样的敌人无法击溃呢？"

诸将听到韩信的这段话，都不禁笑了起来。对他们来说，还有什么比杀回山东，同家人团聚更具有诱惑力呢？

韩信又接着分析道：

"项王固然强大，但我们当前要面对的并不是项王，而是项王安排在关中的三王章邯、司马欣和董翳。他们本是秦将，带领关中子弟同项王作战多年。在他们麾下战死的士卒不计其数，但他们却欺骗国人，投降了项王。在新安，投降的20多万秦卒全部被坑杀，只留下他们三个人。这么多的关中子弟死于他们之手，关中百姓早已对他们恨之入骨。项王凭借强大的军事实力，硬是把他们安排在关中为王，关中百姓又怎么会臣服呢？"

（三）

听了韩信的这一席话，刘邦犹如醍醐灌顶，豁然开朗，总算在黑暗中看到了光明，在苦闷中找到了出路。他再次起身离座，向韩信鞠躬致谢，并说道：

"寡人真是愚钝啊！上将军在军中多时，寡人竟不知你有如此大才！"

韩信还礼道：

"大王不必自责。韩信从军多年，但始终默默无闻，自然无法在一时三刻之间取得大王的信任。"

刘邦又问道：

"依上将军之见，寡人如何才能取得天下呢？"

韩信脱口而出：

"还定三秦，东争天下。"

刘邦长叹一声，凄然地说道：

"还定三秦？这简直是痴人说梦啊！且不说雍王章邯勇猛善战，万人难敌，就是横亘在汉中和关中之间的秦岭也足以让我军望而却步了。"

秦岭横亘在关中和汉中之间，刘邦想要还定三秦就必须越过秦岭。但当时沟通关中和汉中之地的通道极少，只有几条山间孔道。孔道是在山崖险处凿孔架桥连阁而成的，所以又名阁道、栈道。穿越秦岭的栈道每条都长达数百里，且十分险狭，艰险处只能容一人通过。所以，从汉中出兵关中非但行军不便，粮草运输更是一大难题。更何况，刘邦在南下汉中时已经按照张良的建议，烧毁了所有栈道。

作为一名出色的战略家，韩信自然是清楚这些情况的。不过，他早已想好了一条万无一失的对策。因此，韩信安慰刘邦说：

"大王不必忧心。想当初大王从武关进入关中时，非但于民秋毫无犯，还废除了暴秦的苛政严法，与百姓约法三章，保全了关中之地的太平。所以，关中的百姓没有一个不希望大王在关中称王的。百姓知道，按照义帝和各诸侯的约定，大王应当被封为关中王。但您却被项王逼入汉中，关中的百姓怎能不怨恨项羽，而为您抱不平呢？所谓'得民心者得天下'，大王如若要还定三秦，根本用不着动武，只要发一道檄文就可以平定关中了。"

刘邦闻言大喜，激动得简直说不出话来。不少历史学家认为，尽管刘邦和项羽之间的斗争早已存在，但楚汉之争真正开端应该是韩信的"汉中对策"。因为韩信的"汉中对策"不但为刘邦东向争夺天下制定了指导思想，也确定了基本的战略方针。在此后的四年中，刘邦正是按照韩信的这一战略部署，逐步由弱转强，击败项羽和各大诸侯而一统天下的。

韩信的汉中对策还极大地提高了汉军的士气。汉军士卒逃亡的主要原因在于他们看不到打回山东的希望，而如今，韩信为刘邦指明了东向争夺天下的方向，汉军士卒一下子有了盼头，都希望能早一天打回山东。故而，韩信在军中的威信几乎在一夜之间就建立起来了。士卒们纷纷争相议论说：

"有这样一位上将军，我们还愁见不到家人吗？"

汉中对策成为刘邦东向争夺天下的开始，也成为韩信飞黄腾达的起点。从此之后，韩信就登上了楚汉之争的历史舞台，尽显才华，创造了一个个军事奇迹，为刘邦打下了半壁江山，也为自己赢得了千古美名。

第十一章　暗渡陈仓

将略兵机命世雄，苍黄钟室叹良弓。遂令后代登坛者，每
一寻思怕立功。

——（唐）刘禹锡

（一）

汉中对策制定完毕后，刘邦将韩信、萧何、夏侯婴、灌婴、樊哙、
曹参、周勃、郦食其、陆贾等心腹叫到内室，开始商议还定三秦的军
事计划。刘邦展开汉中和关中的地形图，说道：

"汉中与三秦隔着秦岭，而栈道已经烧绝，我们怎么过去呢？"

诸将看着地形图，默然不语。韩信走到地形图前，提笔在上面画
了一个三角形，三角形的三个点分别是南郑、陈仓（今陕西省宝鸡市
东）和咸阳。众人看着这个三角形，不知韩信的葫芦里卖的什么药，
一脸茫然。

这时韩信说道：

"如果要从南郑直取咸阳的话，走子午栈道是最佳选择。这东面的
一条线就代表子午栈道。不过，子午栈道异常艰险，不适合大规模的
行军作战。更何况，章邯并非平庸之辈。只要他派数千士卒守住栈道
的出口，任我数十万大军也无法通过。"

刘邦看着韩信，默默点了点头，问道：

"如果子午栈道无法通行，我们又怎么能还定三秦呢？"

韩信胸有成竹地回答说：

"大王不必忧虑。虽然子午栈道无法通行，但我们却可以取道陈仓古道，先占据陈仓，然后再直取咸阳。"

陈仓是秦王朝囤积官粮的地方，战略位置十分重要。但秦王朝灭亡之后，章邯、司马欣、董翳等人在关中称王，只顾防守栈道，放松了对陈仓的防守。当然，这主要是张良的功劳。他曾建议刘邦烧毁栈道，以示无北上之心，遂让章邯等人放松了警惕。

刘邦这才恍然大悟道：

"真是妙计啊！兵出陈仓虽然绕了些路，但却可以出其不意，攻其不备！"

诸将沉思片刻，质疑道：

"如果章邯得知我军要绕道陈仓，加强那里的防守怎么办？再说了，如果章邯向项王求助，项王从彭城杀来，我们不都死无葬身之地了吗？"

韩信笑道：

"诸公不必忧虑。项王虽然势力强大，但距关中尚有千里之遥。等他的援军到来之时，我们已经平定了三秦。到那时，只要派兵守住函谷关，料他也无可奈何！更何况，齐王田荣和梁地的彭越正在起兵反楚，项羽一时之间还抽不出身来。"

诸将认为韩信说得有理，但依然不放心，又问：

"如果项王不打田荣和彭越，而是直扑关中，我们该怎么办？"

韩信看了看刘邦，意味深长地说道：

"这就需要大王给张良写一封信了。"

诸将有些莫名其妙，反问道：

"张良能挡住项王吗？"

"若论武力，张良自然是挡不住项王的；但若论智慧，恐怕十个项王也不是张良的对手。臣听说，项王已将韩王成贬为侯，且有诛杀韩王之意。因此，张良定然会怨恨项王。而大王又素与张良交好，让他说服项王北伐齐国，想必不是什么难事。项王北伐齐国，田荣必然会领倾国之兵迎战。到那时，项王就是想援助章邯，恐怕也是心有余而力不足了！"

诸将听到这里，才不由得连声赞道：

"妙，妙，妙啊！"

韩信又用手指了指地形图，沿着子午栈道划了一条线，说道：

"至于章邯，我们可以用'明修栈道，暗度陈仓'的方法击败他。"

看到刘邦疑惑的表情，韩信接着说：

"我们可以大张旗鼓地修复子午栈道，让章邯以为我军必沿此路直扑咸阳。到时候，章邯定会派重兵把守栈道的出口。但我们待其兵马齐聚栈道出口时，再迅速绕道陈仓，从西面攻取咸阳。这就是出其不意，攻其不备。"

刘邦听罢，连声赞道：

"真是妙计啊！如果早拜先生为上将，三秦可能早已是寡人的囊中之物了。"

（二）

诸将计议已定，刘邦立即命韩信全权指挥还定三秦的军事行动。韩信得令，立即选派精明强干的士卒前往秦岭，大张旗鼓地修复子午栈道。

子午栈道长达300多千米，而且山道艰险，修复工程浩大，进度缓慢。但韩信的真实用意并不是要修复栈道，他只是虚张声势而已。之所以这样做，就是要把章邯的注意力吸引到栈道出口的这一地段上来，然后再从陈仓出击，打章邯一个措手不及。

按理说，作为秦王朝的最后一位名将，章邯应该会想到韩信的"明修栈道"只不过是调虎离山之计。但他听说韩信本是个名不见经传的小人物，是在突然之间被刘邦拜为上将的，便不屑地想：

"韩信也无非就是好大喜功，没什么真本领。刚刚当上汉军的上将军就想直取咸阳，简直就是不自量力！料他也玩不出什么花样来。"

于是，章邯立即派兵守住子午栈道出口，并派细作前往汉军中打探消息。细作打扮成汉中百姓的样子，来到韩信修复栈道的工地。普通的汉军士卒根本不知道韩信"明修栈道，暗度陈仓"的计谋，只当韩信真的要从子午栈道出兵，情绪逐渐低落下来。因此他们一边伐木修筑栈道，一边议论说：

"本来以为韩信有什么过人之处呢，想不到竟是草包一个！他这样大张旗鼓地修筑栈道，不是等于告诉章邯，我们要从这里出击咸阳吗？"

一个士卒反唇相讥道：

"别发牢骚了，快点干吧！不从这里出击，从哪里出击啊？子午栈道是南郑到咸阳最近的道路。汉中粮草匮乏，岂是久居之地？不早早攻下关中，我们都要活活饿死在汉中。"

另一名士卒也大声说道：

"如果让你当上将军，你打算从哪里出击？"

先前的那名士卒挠挠头，沉思片晌，回答说：

"我也会从子午栈道出击，毕竟这里是直击咸阳的最短路线。"

······

章邯的细作返回废丘后，将这些汉军士卒的议论原原本本地告诉了章邯。章邯大笑道：

"看来韩信这小子真的是个平庸之辈，居然会采用这么愚蠢的部署。现在，不管汉军有多少兵力，我只要守住栈道出口，韩信就别想打进关中来。等着看吧，我不但要在出口处消灭汉军的主力，还要沿着韩信修筑的栈道打到汉中去。"

于是，骄傲自大的章邯马上派重兵守住子午栈道的出口，并严令道：

"任何人不得擅离职守，一旦发现汉军的踪迹，杀无赦！"

潜伏在关中的汉中细作发现章邯向子午栈道方向调兵后，立即向韩信汇报。韩信闻讯大喜，马上派人到南郑向刘邦汇报：

"启禀大王，章邯已经中计。请大王调动三军，准备杀向陈仓古道。"

刘邦不敢怠慢，立即按照韩信的部署调动所有兵力，昼伏夜行，向陈仓古道方向集结。韩信则不断催促士卒加速修复栈道，以迷惑章邯。

汉高祖元年八月的一天黄昏，韩信突然集结大部分修复栈道的士卒，悄悄向西而去，准备与刘邦的大军会合。在子午栈道方面，韩信只留下一些老弱士卒和百姓，假装继续修复栈道。

由于章邯将大部分兵力都调到了子午栈道方向和咸阳方向，致使包括陈仓在内的大部分地区防守空虚。结果，刘邦和韩信率汉军主力不费吹灰之力就攻占了陈仓。直到这时，章邯才如梦初醒，大惊道：

"不好！陈仓一失，咸阳就不保了。无论如何，我都不能让刘邦在陈仓站住脚跟。来人，立即集结三军，驰援陈仓！"

（三）

久经沙场的章邯临危不乱，立即从咸阳、子午栈道方向调兵，亲自统帅，驰援陈仓。但一切都已经晚了。汉军在韩信的部署下大获全胜，士气正盛，且正在陈仓以逸待劳，掌握了战场的主动权。而章邯新败，丢失了囤积粮草的重地，士气低落；再加上章邯在仓皇之间集结的兵力有限，根本无法跟兵锋正盛的汉军相抗衡。结果，章邯在陈仓一役中被韩信打得落花流水，仓皇向东遁逃。

章邯在好畤（今陕西省乾县东）暂时站稳脚跟后，准备重整旗鼓，与汉军再战。但韩信根本不给章邯喘息之机，立即命樊哙、曹参等人领兵追击。樊哙、曹参等人勇猛善战，打得章邯毫无还手之力，只得继续逃亡废丘，缩在都城里不敢出来。

废丘位于陈仓和咸阳的中间位置，是咸阳的西大门，战略位置十分重要。章邯一面在废丘补充兵力，一边向司马欣、董翳等人求援。司马欣和董翳不敢怠慢，立即发兵废丘，援助雍兵。

司马欣和董翳的援军一到，章邯兵力大振，立即命他的弟弟章平率一部分兵力绕到汉军背后，占据好畤。好畤位于咸阳的西北方向，与废丘、咸阳成犄角之势，可以互为支援。从这一军事部署来看，章邯确实是一位了不起的军事家。他是想把汉军吸引到废丘方向，与其展开决战。

章邯虽然神机妙算，但他忘了自己面对的对手是韩信。韩信一见章邯的部署，马上就明白了他的用意。随后，韩信派曹参和樊哙日夜兼程，回师包围了好畤。而他自己则率领主力部队缓慢向废丘方向移动，以诱使章邯率三秦军向他发起反攻。

面对韩信的军事部署，章邯却有些糊涂了。所谓"兵贵神速"，韩信的行军速度为什么会如此缓慢呢？章邯不明白。但自恃兵强，章邯也没将韩信当回事。

几天后，曹参、樊哙击溃了章平，再次占领了好畤。章平领着败军向陇西方向逃去。韩信接到曹参、樊哙的战报后，立即催促大军加快速度，全力进攻废丘。章邯大惊，立即率倾国之兵出城迎敌。

正当两军混战之际，曹参、樊哙突然从好畤方向杀向章邯的侧后，切断了他的退路。三秦军见状，不敢力战，纷纷溃逃。

章邯再次吃了败仗，只得带着残兵败将退回废丘，紧闭城门，等待项羽来援。

章邯一败，废丘便成了一座孤城。韩信留下一部分士兵围住废丘，自己率军全速向咸阳方向赶去。此时，三秦军主力已经损失殆尽，咸阳方向防守空虚，因此韩信几乎没费吹灰之力就平定了咸阳。

随后，韩信又令汉军兵分三路，一路固守所得之地，一路北上，一路东进，以锐不可当之势迫降了塞王司马欣和翟王董翳。至此，整个关中之地基本上都掌握在汉军的手中了。虽然当时的废丘、陇西、北地等少数几座孤城仍在雍军残余势力的控制之下，但他们已经无法对汉军构成威胁，韩信只派出少量兵力围而不攻。韩信知道，三秦王在关中不得民心，没有政治基础，绝对没办法固守。等到城内的粮草消耗尽，他们自然会出城投降的。

自汉军从汉中出兵之日起，还定三秦所用的时间不过一个月左右。更加难能可贵的是，汉军不但未遭受什么损失，反而尽并三秦王之兵，实力大增。不论从所花时间方面来看，还是从所费兵力方面来看，韩信还定三秦的效果基本上可以用"秋风扫落叶"来形容。睿智的韩信指挥得得心应手，犹如行云流水一般一气呵成。他对整个战势的把握非常清晰明了，在上一个战役之初就已考虑好下一个战役的行动步骤。这一点不但赢得了刘邦的赞誉，也使韩信本人在诸将之中树立了崇高的威信。

还定三秦为刘邦东向争夺天下奠定了坚实的基础。关中地区土地肥沃，前以黄河为屏，侧有渭河、秦岭为障，是一个非常理想的战略根据地。占据关中之地之后，刘邦才真正具有了东向争夺天下的条件，也才取得了与项羽一较高下的资格。

韩信的墓前有一幅非常有名的对联："生死一知己，存亡两妇人。"这句话高度概括了韩信的一生。"一知己"指的是向刘邦推荐了韩信，后来又设计害死韩信的萧何。"两妇人"中的第一位妇人是指在他落难时赐给他饭食的"漂母"，即淮阴城边漂洗衣物的老妈妈；第二位是指诛杀了韩信的吕后。

第十二章 兵败彭城

明修栈道欺秦楚，暗度陈仓惊鬼神。忍辱念恩真性在，十面埋伏定乾坤。

——（唐）李白

（一）

在刘邦还定三秦的同时，项羽却犯了一系列的错误。一方面，他没能及时制止山东各诸侯之间的互相征伐；另一方面，他不满韩王成没有尺寸之功却被封为韩王，竟然杀了他。如此一来，项羽便陷入了极大的困境之中。

首先，齐王田荣和梁地的彭越不断出兵骚扰楚军，令项羽烦心不已；其次，张良因韩王成被杀再也不愿为项羽出谋划策了，反而再次投奔刘邦。而项羽明知刘邦出兵关中，却没有及时发兵救援。等刘邦已经平定关中，项羽才开始想办法挽回局面。他先是封吴令郑昌为韩王，领兵驻守韩地，抵御刘邦东向之兵；继而又令大将萧公角领兵西进，攻打彭越。而他自己则在彭城集结部队，准备杀入关中。

刘邦闻讯后，立即按照韩信先前的部署令张良出使韩国，笼络郑昌。张良一面稳住韩王郑昌，一面派人给项羽送了一封信。张良在信中说：

"按照义帝与各路诸侯的约定，谁先攻入关中，就封谁为关中王。

结果，大王并没有按约定封汉王为关中王，反而将其封到了巴、蜀和汉中之地。汉王心中不服，这才领兵侵入关中，他只不过是想得到本应属于自己的土地而已。一旦达到目的，汉王就会停止进军，绝对不敢东向与项王争夺天下。"

项羽看了张良的信后，一时拿不定主意。忽然，使者又呈上了张良送来的第二封信。张良在这封信中简单地分析了天下的形势，然后直截了当地指出：项羽的真正威胁不是刘邦，而是齐王田荣。精明的张良还将田荣与彭越等人的反书派人送给项羽。项羽看了之后，果然大怒，立即下令挥师北上，攻打田荣。

计议已定，项羽立即派人前往六，征召英布的大军，令其领军跟随自己伐齐。然而，此时的英布已不是当初项羽帐下的一员大将，而是称霸一方的诸侯了。他对项羽那种呼之即来、挥之即去的作风十分不满，遂称病不出，只派两员大将领兵数千前往彭城支援项羽。项羽大怒，由此对英布心生不满。

就在这时，萧公角派人来报，称彭越兵强马壮，楚军不能敌，损失惨重。项羽大怒，立即率倾国之兵攻打彭越。彭越立即将部队化整为零，潜藏在中原一带。项羽找不到彭越的主力，只得前去攻打齐国。

汉高祖二年（前205）冬，项羽与田荣大战于城阳。楚军势力强大，田荣不能敌，领兵向平原（今山东省平原县）方向逃去。结果，田荣在平原遭到百姓围攻，死在混战之中。项羽大获全胜后，立即册立投靠自己的原齐王田假为齐王，继续领军扫荡齐地。楚军所过之处，烧杀抢掠，无恶不作，终于引起了齐地百姓的愤怒。田荣的堂弟田横趁机收拢田荣的败兵，杀往城阳，赶走了田假，据险固守。

项羽闻讯后大惊，急忙回师围攻城阳。与田荣相比，田横更富有战略眼光。他并不与项羽死战，而是采取敌退我进、敌进我退的游击战。项羽与田横混战多日，非但未能取胜，反被拖入了战争的泥沼。

与之相反的是，刘邦的进展却十分顺利。在项羽北向伐齐的这段时间里，刘邦迅速稳固了他在关中的统治。在萧何、张良、韩信等人的辅佐下，刘邦已经初步建立起了一套完整的政治、军事机构，国都也由闭塞的南郑迁到了栎阳。河南王申阳、西魏王豹、殷王司马卬见刘邦势大，自知不能敌，纷纷归附。韩王昌不肯投降，刘邦大怒，立即派原韩国太尉韩信（韩国贵族的后裔，与上将军韩信并非一人）领兵功韩。郑昌不能敌，举国投降，刘邦便立韩信为新的韩王。

（二）

汉高祖二年春，刘邦掌控了汉中王、河南王、殷王、西魏王和韩王等五路诸侯的大军，拥兵56万，实力大增。与此同时，他还得到了张耳和陈平两位谋臣。

张耳在被陈余击溃后四处逃窜，始终找不到立足之地。他见刘邦有东向争夺天下之心，便来投靠。刘邦大喜，待之以上宾之礼。

陈平在项羽的帐下久久不得重用，又因殷王司马卬背楚降汉之事而被项羽责骂，心中愤愤不平。更加令他无法忍受的是，项羽再也不肯采纳他所提出的计策了。陈平觉得自己成了受气包，说不定哪天就会被项羽杀掉，不如另投明主。他在鸿门宴上见过刘邦一面，当时还故意放走了刘邦，再加上他有一些朋友在刘邦手下任职，遂果断投靠了刘邦。

张良归来，张耳和陈平来投，令刘邦如虎添翼。在这种情况下，狡黠的刘邦开始有意限制韩信的权力了。在还定三秦过程中，韩信表现出来的卓越军事才华让刘邦昼夜不安。他时刻都在担心，万一韩信拥兵自重，要取代自己，他简直毫无还手之力。因此，刘邦不动声色解除了韩信的兵权，以除后患。

刘邦令韩信和萧何留在关中，一人管理军事，一人管理政务，自己则亲率五路诸侯的56万大军东进伐楚。韩信被解除兵权后，空顶着一个上将军的头衔，只能老老实实地按照刘邦的旨意领兵去攻打雍兵的残余势力。

汉高祖二年正月，韩信在陇西之役中俘虏了章平，随后又领兵围困废丘。

三月，刘邦亲率大军从临晋（今山西省临猗县临晋镇）渡过黄河，西魏王豹领兵跟随。随后，刘邦等人又一路向东，俘虏了在楚汉之间摇摆不定的殷王司马卬，在殷王之地置河内郡。三月末，刘邦一行从平阴津（黄河古渡口，在今河南省孟津县境内）南渡黄河，抵达洛阳。

德高望重的新城三老董公拦道痛哭，向刘邦诉说委屈：

"大王可知道，义帝已经被项羽这个暴君击杀在江中了！"

三老是秦汉时期掌管乡间教化的非正式官吏，一般由德高望重的长者担任，相当于后来的族长。此时，距义帝在江中被杀已有7个多月，刘邦可能早已知道此事了。但他见董公伤心欲绝的样子，又见张良、陈平等人频频向他使眼色，顿时捶胸顿足地大哭起来，连衣襟都扯开了。

洛阳百姓和汉军士卒见刘邦痛哭流涕的样子，以为他真的是在为义帝哭丧，无不伤心落泪。刘邦见状，立即决定为义帝发丧，以收拢人心，于是下令：全军穿孝，为义帝守孝三日。

第三天，刘邦又号召天下诸侯：

"天下共立义帝，北面而事之。但项羽却将义帝流放江南，又暗中在长江上将其杀害，多么大逆不道啊！如今，寡人亲自为义帝发丧，愿领天下诸侯之兵讨伐项羽，为义帝报仇！"

如此一来，刘邦就找到了一个出兵攻打项羽的理由，而且冠冕堂皇。此时，田横已拥立田荣的儿子田广为齐王。齐王田广对项羽恨之入骨，立即发兵响应刘邦，在城阳一带对项羽死缠烂打，死死拖住项羽的军队。与此同时，赵王歇与代王陈余也领兵攻打楚军，配合刘邦的军事行动。

四月，刘邦率56万诸侯联军趁项羽在城阳与齐军大战之时，攻占了楚国都城彭城。被胜利冲昏头脑的刘邦忘乎所以，迫不及待地跑到项羽的宫中花天酒地去了。

项羽闻讯大怒，留下主力部队与齐军周旋，自己率领3万精锐来敌刘邦的56万大军。项羽星夜兼程，只用了一个晚上就赶到萧（今安徽省萧县），并迅速击溃了汉军左翼。中午时分，怒发冲冠的项羽领兵杀进彭城，刘邦被打得措手不及，慌忙向南逃去。项羽又率部紧追不舍，先后在谷水、泗水之滨大败汉军，斩杀10余万汉军。

刘邦大惊失色，急忙向南面山区逃去，结果又在灵璧（今安徽省灵璧县）东睢水（今濉河）被项羽追上。刘邦指挥大军拼命抵抗，但汉军士卒根本不敢与怒发冲冠的项羽交战，结果汉军被杀者、落水而死者又达10余万人。汉军的尸体堵住了河道，以致"睢水为之不流"。

仅仅半天的时间，刘邦的56万大军就被项羽的3万精兵打得落花流水，刘邦本人也被楚军重重包围。刘邦此时痛恨自己不该冷落韩信，但一切都已经晚了，眼见着楚军将士就要杀来了。

就在此时，突然刮起大风，吹得枯树断折，草屋揭顶，飞沙走石，天昏地暗。楚军将士见状，顿时不知所措。刘邦趁机带着几十个亲随逃出了重围。

（三）

被项羽打败后的刘邦在滕公夏侯婴等人的护送下往沛县方向逃去。在沛县，刘邦会合了父亲刘太公、妻子吕雉和一双儿女，然后一起拼命西逃。项羽紧追不舍，冲散了刘邦的家人，俘虏了刘太公和吕雉。刘邦大惊，几次将儿子刘盈和女儿鲁元推下马车，多亏夏侯婴下车救护，才使其一双儿女免遭厄运。

在短短的几天里，刘邦的56万大军几乎损失殆尽。各路诸侯见刘邦兵败逃亡而项羽实力大振，又纷纷转投到项羽帐下。塞王司马欣、翟王董翳也趁乱逃到彭城，亲自向项羽谢罪。

　　此时的刘邦犹如丧家之犬一般，四处流窜。驻守在下邑（今安徽省砀山县附近）的吕泽闻知刘邦惨遭失败，慌忙领兵接应。吕泽是吕雉的长兄，被刘邦拜为将军，骁勇善战。在吕泽的接应下，刘邦总算暂时站稳了脚跟，收拾残兵败将，驻扎于砀。

　　惊魂甫定的刘邦想到了韩信，后悔不该冷落这位运筹帷幄的上将军，以致遭到如此惨败。想到这里，他忙派人八百里加急到关中向韩信求助。韩信闻知刘邦率领的56万大军被项羽的3万精兵杀得落花流水，一点也不感到惊讶，似乎一切都在他的预料之中。他写了一封信，让使者带给刘邦。

　　当使者返回军中时，刘邦已率军抵达虞（今河南省虞城县）。刘邦从使者的手中接过韩信的信，急切地看了起来。看着看着，刘邦不禁大笑起来，忙传谒者（君王的近侍，主要负责传达讯息）随何。

　　随何来到大帐后，刘邦高兴地拉着他的手，将韩信的信展给他看。随何看毕，向刘邦鞠躬说道：

　　"臣定不辱使命。"

　　韩信的信中到底写了什么呢？原来，韩信早已料到刘邦不是项羽的对手，又闻知项羽与九江王英布产生了嫌隙，因此在信中让刘邦去策反英布，以分项羽之兵。

　　领命之后，随何星夜兼程，很快就到了九江王的都城六，然后向英布晓以利害，成功地策反了英布。项羽闻知英布在淮南反楚，大惊失色，立即命龙且为将，领兵镇压。

　　项羽分兵讨伐英布，西追刘邦的军事行动便慢了下来，刘邦趁机星夜兼程，抵达荥阳。韩信留下樊哙围困废丘，自领大军前来荥阳救应刘邦。刘邦见到韩信，满脸惭愧，立即恢复了他的兵权。

　　韩信将关中之兵与刘邦的败兵合为一处，依据荥阳的地形重新部署了战斗队形。项羽无法冲破韩信的防御，被迫停止了追击。至此，占据天时、地利、人和的刘邦丧失了所有的优势，项羽控制了荥阳以东的广大土地。原先在山东牵制项羽的田横、陈余等人也被迫同项羽讲和，项羽因此得以全力对付汉军。如果不是韩信在关键时刻稳定局势，刘邦恐怕早已一命呜呼了。

汉高祖二年六月，刘邦立刘盈为太子，令萧何辅佐之，驻守栎阳，管理内政。同月，樊哙按照韩信的部署，水淹废丘，迫降了雍军，章邯兵败自杀。至此，关中皆平，韩信尽收关中之兵，在荥阳与项羽对峙。

晚些时候，楚军大将龙且大败英布。英布仓皇跟随随何前往荥阳，投靠了刘邦。刘邦厚遇英布，并将其手中之兵全部交给韩信指挥。韩信得到了英布的败兵后，兵力稍振。

第十三章　力挽狂澜

予览观古兵家流，当以韩信为最，破魏以木罂，破赵以立汉赤帜，破齐以囊沙，彼皆从天而下，而未尝与敌人血战者。予放曰：古今来，太史公，文仙也；李白，诗仙也；屈原，词赋仙也；刘阮，酒仙也；而韩信，兵仙也！然哉！

——（明）茅坤

（一）

彭城之败令刘邦元气大伤，而接下来发生的事更令他雪上加霜。

汉高祖二年夏，西魏王豹借口回乡省亲，请假归国。刘邦答应了他的请求。但令所有人都没想到的是，魏王豹刚刚渡过黄河，就切断了河津渡口（位于今山西省河津市），背汉降楚。

项羽立即派大将项它率领士卒渡过黄河，支持魏王豹。魏王豹得到了项它的支持，有恃无恐，任命柏直为上将、冯敬为将，派重兵开赴蒲坂（今山西省永济县），以防守临晋渡口，自己则坐镇安邑（今山西省夏县西北）指挥。

魏王豹的反叛令刘邦坐立不安。魏王豹据守河东，不但威胁着荥阳汉军的侧翼，还随时可以渡河西进，袭击兵力空虚的关中地区。刘邦急忙召集文武百官商议对策。郦食其自告奋勇，愿意出使西魏，凭三寸不烂之舌说服西魏王豹重新归顺刘邦。

刘邦无奈，只好姑且一试。但郦食其费尽口舌，好话说尽，魏王豹始终不为所动。最后，狡猾的魏王豹对郦食其说：

"人生一世，犹如白驹过隙。汉王傲慢无礼，骂诸侯、群臣就像是骂奴隶一样，一点礼节也没有。我再也不愿意看见他了。"

郦食其只得空手而归，返回荥阳，向刘邦报告说：

"魏王豹吃了秤砣，铁了心，不愿归顺。"

刘邦非常失落，长叹道：

"为什么上天就不助我一臂之力呢？"

郦食其劝道：

"大王不必忧愁。现在的形势虽然对我们很不利，但还没到山穷水尽的地步。与困于汉中之时相比，今日的处境要好得多了。"

刘邦哭丧着脸说：

"除了向项羽求和，寡人实在想不出办法了。"

郦食其又说：

"求和倒是一条出路，但现在还不行。项羽在前，魏王豹在侧，我军两面受敌，粮草匮乏，处境极为不利。如果此时向项羽求和，焉能全身而退？不如发兵击溃魏王豹，然后再求和。"

刘邦惊讶地反问道：

"寡人哪有这么多兵力去击溃魏王豹？"

郦食其分析说：

"出击彭城之时，大王拥兵56万，但仍不免被项羽的3万精兵所败。由此可见，兵在精而不在多！"

刘邦点了点头，又问道：

"魏豹以何人为将？"

郦食其回答说：

"柏直为上将，节制三军；冯敬和项它为副将，分别统领奇兵和步兵。"

刘邦沉思片晌，忽然大笑道：

"多亏先生劝诫，否则寡人就要丧失开拓土地的大好时机了。柏直不敌寡人的上将军韩信，项它不如曹参，冯敬不及灌婴。寡人要拜韩信为左丞相、上将军，曹参与灌婴为将，领3万精兵渡河伐魏。"

受命之后，韩信没有立即集结大军，而是派细作沿河而上，观察魏军的军事部署。数日后，细作回报称，魏军大部集结在蒲坂一带，据险而守。

韩信问道：

"夏阳（在黄河西岸，即今山西省韩城市）对面有多少守军？"

细作回答说：

"未见魏军的踪迹。"

韩信这才笑着道：

"魏王豹认定我军要从临晋过河，所以才派重兵据守蒲坂啊！"

曹参、灌婴向韩信一拱手，说道：

"蒲坂有重兵把守，而我等只有3万兵力，不能从临晋渡河啊！万一魏军趁我军半渡而击之，那就危险了。"

但韩信却不以为然，他信心十足地说：

"两位将军莫急，韩信已有破敌之计了。"

（二）

韩信摸清了魏军的部署后，便带着曹参、灌婴等人领兵辞别刘邦，直奔临晋渡口而去。汉军士卒见状，满心狐疑，纷纷议论道：

"都说上将军用兵如神，我看也不过如此。他明知临晋渡口有重兵把守，却偏要从这里渡河，这不是自寻死路吗？"

曹参和灌婴在还定三秦之役中已经领略到韩信的用兵之道，知道他绝对不会做自寻死路的蠢事，便斥责士卒道：

"不要瞎议论，上将军自有定夺。"

一到临晋，韩信便命令士卒准备渡河的船只。按照韩信的部署，汉军士卒兵分两路，一路大张旗鼓地到附近的村庄征用民船；一路就地取材，伐木造船。对岸的魏军将领见状，一边加强防御，一边派人向魏王豹求援。

魏王豹听说韩信已领兵抵达临晋渡口，慌忙从安邑和其他方向调兵，以加强蒲坂的防守力量。几日后，魏军就将蒲坂筑成了铜墙铁壁，就算汉军生出翅膀，也无法飞过黄河。

不过，蒲坂方向的防御虽然加强了，但安邑的防守兵力却异常空虚。一旦韩信从别处渡河，直扑安邑，魏军就危险了。魏王豹似乎也意识到了这一点，但他坚信汉军必然会从蒲坂渡河。到时候，趁汉军半渡而击，定能大获全胜。

韩信见魏军源源不断地开赴蒲坂，心下大喜，立即将曹参和灌婴召进大帐，安排破敌之计。韩信先是对曹参耳语一阵，然后让其领一半士卒往上游而去。接下来，韩信又对灌婴说：

"自明日开始，停止造船，让士卒用树枝搭起凉棚，挡住魏军视线。然后，所有士卒皆在各凉棚之间进出，装出繁忙的样子。"

灌婴不解地问：

"那渡河的事情呢？"

"不要着急，我自有安排。"韩信信心十足地说。

第二天，留在临晋渡口的汉军都在各凉棚之间进进出出，假装在继续造船。对岸的魏军见对岸人头攒动，并不知道汉军已经少了一半的兵力，还以为他们依然在做渡河的准备呢。

数日之后的一个黄昏，韩信吩咐灌婴说：

"今晚我将亲自率领数千精锐之士和曹将军会合，渡河伐魏。我们能否大获全胜，就全靠你了。"

灌婴不解，韩信笑道：

"你要给对岸的魏军演一场戏。自明日凌晨开始，你就领着士卒摇旗呐喊，将所有的船只全部运到岸边，做出要渡河的样子。不过你要记住，我不是要你真的渡河，只是要你吸引魏军的主意。因此，你制造的声势越大越好。"

听到这里，灌婴会心一笑，大声说道：

"请上将军放心，末将一定不辱使命！"

当晚，韩信便带着数千士卒沿河而上，并于第二天凌晨抵达夏阳，与秘密潜伏在那里的曹参会合。一见面，韩信便问：

"都准备好了吗？"

曹参诡秘地一笑，指着树林说：

"全部准备好了，都在那里。"

韩信和曹参领着几名侍卫，举着火把来到树林。此时，树林里堆满了用木棒和水缸制成的奇怪物品。木棒每4根为一组，都被绑成方格状，方格里牢牢地镶嵌着一个大水缸。这个奇怪的东西便是史书上提到的木罂。木罂是民间的一种渡河工具。其中的木头相当于船舷，而水缸就相当于船舱。人站在水缸里，就可以像划船一样，将木罂划过黄河。

韩信在临晋大张旗鼓地造船，虚张声势，其实就是为了吸引魏军的注意力，好让曹参可以从容不迫地准备木罂，然后再从夏阳出其不意地渡过黄河。

天蒙蒙亮时，灌婴便按照韩信的吩咐命令士卒摇旗呐喊，将准备好的船只运到河边，做出渡河的样子。对岸的魏军见状，一面严阵以待，准备迎敌；一面派人到安邑向魏王豹汇报情况。

与此同时，韩信和曹参将准备好的木罂放到河里，率领将士安全地渡过了黄河。一过黄河，韩信便日夜兼程，领兵直扑安邑而去，很快就抵达安邑城下。守城的士卒见状，慌忙向魏王豹汇报，魏王豹根本不信：

"胡说八道！寡人刚刚得到消息，汉军还在临晋，正准备渡河呢？"

士卒大声争辩：

"不，大王，汉军确实已经兵临城下，而且全部打着左丞相韩信的旗号！"

魏王豹慌忙登上城墙，只见汉军在韩信的指挥下正在全力攻城。由于魏军的主力皆在蒲坂，安邑兵力空虚，汉军几乎毫不费力地就攻破了城池，俘虏了魏王豹。

蒲坂方向的魏军闻知韩信攻破安邑，慌忙前来救援。灌婴则趁机率军渡过黄河，追而击之。韩信也从安邑发兵，迎击从蒲坂方向赶来的魏军。结果，魏军在韩信和灌婴的两面夹击之下全军覆没。

至此，韩信反客为主，完全掌握了战役主动权。随后，韩信又兵分两路，一路由曹参率领，向东追击魏军的败兵；一路由他亲自率领，北上攻占平阳（今山西省临汾市西南）。在短短的20多天里，韩信一举平定魏国，消灭了一个强大的割据势力。

（三）

灭魏之后，韩信命人将魏王豹押解至荥阳，听候刘邦的发落。刘邦闻知韩信平定了魏国，心下大喜，但随即又陷入沉思之中。韩信实在太厉害了！在汉军极为被动之时，他只用3万士卒就平定了魏国，其才不在项羽之下。一个项羽已经让刘邦不堪其辱了，如果韩信再谋反，哪还有他刘邦活命的机会？想到这里，刘邦决定再次削弱韩信的兵权，但又担心此举会影响士气。

就在刘邦犹疑不决之时，韩信又派使者来报：

"请大王给臣增兵3万，臣愿意北击燕、赵，东击齐，南绝楚军的粮道，西向与大王会合于荥阳。"

韩信的这一建议极富创见，可以说是韩信审时度势总结出来的最佳战略方针，领兵打仗多年的刘邦不可能不理解这一富有创见的战略方针对兴汉亡楚的重要意义。一旦韩信实现北击燕、赵，东击齐国的战略目标，项羽就将陷入腹背受敌的处境。到那时，两军夹击，项羽再想取胜就难于登天了。

虽然刘邦不大放心韩信，但这一战略计划太具诱惑力了，令刘邦心痒难耐。左思右想之后，刘邦决定派张耳为将，领兵3万增援韩信。刘邦此举有两个目的，一则可以让张耳牵制韩信，二则可以完成对项羽的战略包围。

事实上，韩信并没有谋反之心。他一心一意地想要报答刘邦的知遇之恩，为其打天下。当张耳领兵来到前线后，韩信立即着手部署北击燕、赵的军事计划。灭掉魏国后，韩信的大军已经逼近赵国的边境，随时可以出兵伐赵。

但与魏国不同的是，赵国军事实力强大，并不是一朝一夕可以平定的。再者，代王陈余是赵王歇所封，此时正在赵国为相。一旦韩信攻打赵国，代军必会倾巢而出，从北面攻打汉军的侧翼。如此一来，汉军就会陷入两线作战的不利境地。

左思右想之后，韩信决定先扫清赵国的外围，然后再下井陉，攻打赵国。代国地狭兵弱，且军事指挥经验丰富的代王陈余又在赵国为相，只留下毫无战略眼光的相国夏说领兵驻守，要攻下它并不难。

下定决心后，韩信立即任命曹参为先锋，领兵直扑代国。夏说闻知汉军来犯，急忙召集诸将商议御敌之策。代国诸将皆主张出兵迎敌，且战且退，向赵国方向靠拢。夏说采取了这一作战计划，立即率领倾国之兵出城作战。韩信见夏说率倾国之兵迎战，微微一笑，对诸将说道：

"夏说这是要逃亡赵国啊。尚未交战，夏说已经产生了溃退之意，这样的军队还有什么可怕的？"

于是，韩信一边令曹参全力进攻，一边亲自领兵数万斜插到代、赵边境地区。夏说在邬县（今山西省介休县东北）与曹参遭遇，混战一场，不能取胜，仓皇向阏与（今山西省和顺县）方向逃窜。

逃至阏与城下后，夏说下令全军就地休息。刚刚坐定，忽闻一声炮响，韩信领兵杀出，冲进了代军的队伍。代军大乱，自相践踏，死者不计其数。两军混战许久，代军渐渐不支。正午时分，曹参也领兵杀到。韩信与曹参两面夹击，代军士卒纷纷投降。

夏说见状，斩杀了数名士卒，又声嘶力竭地喊道：

"投降者杀无赦！"

曹参大怒，拍马直取夏说。两马相交，曹参躲过夏说的长矛，伸臂将其夹住，活捉过来。代军士卒见主帅被擒，再也不愿做无谓的牺牲了，纷纷放下武器投降。

韩信一边令士卒打扫战场，一边令人前往荥阳向刘邦报捷。刘邦闻知韩信不费吹灰之力就攻下代国，且喜且惊。韩信太能干了！如果照这样发展下去，将来的天下都可能是韩信的。于是刘邦马上派人前往代国，以荥阳方向战役吃紧为由，将韩信的主力部队调到了荥阳。

第十四章　背水一战

命运掌控二女中，遗恨未可依蒯通。能征惯战淮阴侯，落得鸟尽折良弓。

——《忆淮阴侯韩信》

（一）

主力部队被调走后，韩信的手中只剩下几千名汉军和代军俘虏。如此一来，韩信就失去了乘胜取赵的最佳时机。不过，韩信也十分清楚，不攻破赵国，就没办法北击燕国，东伐齐国，更没办法完成对楚军的战略包围。因此，他立即派人前往荥阳，请求刘邦允许他自建军队，攻打赵国。刘邦勉为其难地答应了。韩信闻讯大喜，立即在代国征召士卒，加以训练。

韩信破代的消息传到赵国后，赵王歇立即召见相国陈余，商议御敌之策。陈余胸有成竹地对赵王歇说：

"大王请放心，韩信虽然已经击破代国，但要想东向伐赵并不容易。我赵国有井陉之险，料他韩信也不敢来犯；再者，张耳乃是国之大敌，臣早就想杀掉他了。如果他和韩信胆敢来犯，臣定叫他死无葬身之地！"

赵国与魏、代之间隔着高大险峻的太行山，其间只有几座隘口可以通行，其中最著名的就是井陉口。井陉口地势险要，两侧山壁夹峙，道路十分狭窄，车不能并行，马不能列入。汉军如果要从此而过，只能排成单行长队而行。届时，韩信的部队首尾不能相应，赵军只要守住出口，就能击败汉军。而对赵军更加有利的是，井陉在赵国一边的出口处还有一条水流湍急的河流斜斜穿过。汉军进入赵国之后，就会面临前有赵军、后无退路的局面。

赵王歇认为陈余说得有理，立即命陈余着手准备御敌之事。陈余领命，立即集结了20万大军择日开赴井陉，死死控制了隘口。

赵国的谋士广武君李左车闻知韩信正整兵来犯，便对陈余说：

"臣听说韩信很了不起。不久前，他渡过黄河，一举消灭了魏国；接着又大败代军，在阏与俘虏了夏说。这真是了不起的成就啊！我听说，他现在已与张耳会合，正领兵来犯赵国。"

"正是这样，这个韩信确实是个人物！"陈余回答说。

李左车又说：

"韩信一路乘胜而来，远离后方根据地，深入到敌境作战，其势锐不可当。不过，兵书上说，千里馈粮，士有饥色；樵苏后，师不宿饱。这就是说，从千里之外给军队输送粮食，士兵就得挨饿；如果再临时打柴做饭，士卒更会经常吃不饱饭。现在韩信的弱点也就在这一点上。"

陈余忙道：

"先生所言极是，那么你有何破敌之计呢？"

李左车回答说：

"井陉口的通道十分狭窄，车不能并行，马不能列走，韩信又是远行数百里来到这里，他的粮草肯定都在军队后方。如果相国肯拨给臣3万奇兵，臣愿意从小路绕到汉军后方断其粮草。届时，相国再领兵坚守隘口，不让汉军通过井陉口进来，也先不要同他交战，等到我从后面把他的粮草供应切断了，韩信自然会陷入进退两难的境地，必然大败。臣向相国保证，不出10天，就可斩杀韩信和张耳。请相国慎重考虑臣的建议，否则，我们都会成为汉军的俘虏。"

李左车的计策相当高明。如果他的计策被陈余采纳了，韩信肯定不敢贸然进入井陉。但陈余素来迂腐，根本没听李左车的意见。他还常常对外宣称：

"拥有道义的军队不用诈谋奇计攻打敌人。"

对于这一点，韩信早有耳闻，这也正是他敢于东向伐赵的原因。为打探赵军的军事部署，韩信早已派细作打扮成赵国百姓的模样潜入赵国都城。细作闻知李左车向陈余献计，急忙返回军营向韩信报告。韩信得讯大惊，不禁说道：

"如果陈余采纳李左车之计，我等就只好班师回荥阳了。"

（二）

韩信担心陈余会采纳李左车的建议，不敢贸然出兵，只得再派细作前去赵国打探消息。细作刚到赵国，就听说陈余拒绝了李左车的建议。陈余对李左车说：

"兵法上说：十则围之，倍则战之。韩信之兵虽然号称数万，实际上也就是区区几千人而已。汉军远道而来，到达井陉口时已经疲惫不堪，我军以逸待劳，定然会大获全胜。如果这次正面迎敌的话，今后若有更强大的军队来犯，我们该怎么办？如果不战，天下诸侯只会轻视我们，说我们胆小无能，甚至派兵来犯。"

汉军的细作闻知陈余拒绝了李左车的建议，立即又快马加鞭，抄小路返回军中向韩信汇报。韩信闻讯大喜，立即领兵向井陉方向进发。

汉高祖三年（前204）十月的一天，汉军来到距井陉口15千米的地方。韩信命令部队停止前进，然后就地安营扎寨，准备迎敌。

半夜时分，韩信召集众将，吩咐说：

"立即挑选2000名精锐骑兵，每人带一支汉军的红旗，从隐蔽的山间小道潜伏到赵营附近。"

灌婴不解，低声问韩信道：

"我军只有3万人，而赵军多达20万，本来就寡不敌众，左丞相再分兵的话，恐怕后果不堪设想。"

韩信笑道：

"将军不必忧虑，韩信自有破敌之计，明日我就会亲自领军与敌人交战。届时，我军佯败后撤，赵军必然会轻装来追。你等伺机突入赵营，把他们的旗帜全拔掉，换成我们汉军的红旗。"

灌婴顿悟，随后立即挑选2000名精锐之士，连夜潜伏到赵营附近的树林里。

灌婴走后，韩信又让诸将分发一些食物给士卒，并对他们说：

"让大家先吃点东西垫垫，等到我们打败了赵军就吃早饭。"

诸将虽然按照韩信的吩咐去做了，但心里都狐疑不定。要知道，20万赵军占据地利，守住井陉口，怎么能是一朝一夕可以击败的呢？但韩信却信心满满地对将士们说：

"赵军已经先占据便利之地扎寨安营，如果不见到我的将旗，他们肯定不会出击，他们担心我等遇到险阻就会退下来。陈余要等我们全部进入赵地之后，围而歼之啊！"

说着，韩信又派一万人马悄然走出井陉口，背靠湍急的河流安营扎寨。按理说，背水扎寨乃是兵家大忌。一旦两军交战，背水的一方就会陷入进退两难之境，必败无疑。因此，汉军士卒见主帅让他们背水扎寨，皆满脸不情愿，议论纷纷。

赵军士卒看到汉军走出井陉口，背水扎寨，慌忙向陈余汇报。陈余问：

"汉军有多少兵马？在何处列阵？可曾见韩信的将旗？"

士卒回答说：

"约有万余人，背水扎寨，未见韩信的将旗。"

陈余大笑道：

"都说韩信用兵如神，我看也不过如此！背水扎寨乃兵家之大忌。此次定叫他韩信有来无回。"

赵军诸将忙问：

"丞相，是否趁汉军立足未稳之际派兵袭击他们？"

"不必。韩信不在军中，打败他们也没有什么意思。不如等到明日一早，韩信也走出井陉口，我等再围而歼之。"陈余得意洋洋地说。

韩信闻知赵军按兵不动，便安心上床睡觉去了。直到天已大亮，他才和张耳一起不慌不忙地领兵走出井陉口。这时，韩信命令士卒高举他的将旗，擂鼓而行，有意吸引赵军的注意力。

见到韩信竟敢擂鼓而行，赵军士卒义愤填膺，立即向陈余汇报。陈余闻知韩信和张耳已经出现在阵前，大笑道："韩信和张耳这两个老小子送死来了。"

说着，陈余便令赵军倾巢而出，迎战韩信。韩信见陈余中计，心下大喜。两军混战一阵，韩信见时机已到，便向张耳使了个眼色，张耳会意，立即命令士卒丢下将旗，佯装败退。汉军且战且走，退到河边，与原先驻扎在那里的部队合兵一处，摆开阵势，重新迎战。

陈余见韩信败退，便立即下令：

"立即追击，把他们全部赶到河里去！"

赵军士气大振，追到河边，将韩信重重围了起来。

（三）

在危难之际，韩信一马当先冲到阵前，振臂高呼道：

"兄弟们，前有追兵，后无退路，若不死战，我等皆会被赵军俘矣！还等什么？跟着我冲出去，杀出一条血路！"

汉军士卒在绝望之中只得跟着韩信向前冲去，个个以一当十，勇不可当。赵军虽然势大，但面对拼死抵抗的汉军也无可奈何。两军混战一阵，难分胜负。

就在这时，早已埋伏在赵营附近的曹参领兵杀出，直奔赵营而来。士卒冲进空空如也的军营，迅速拔掉赵军的旗帜，遍插汉军的红旗。

韩信趁机令士卒高喊道：

"赵军的兄弟们，不要再打了，左丞相已经令曹参将军袭取了你们的营地。"

赵军士卒纷纷转头向军营方向望去，只见营地上遍插汉军的红旗，顿时丧失斗志。韩信将手中的令旗一挥，汉军士卒一拥向前，杀入敌阵。赵军士卒拼命后退，自相践踏，死伤无数。

陈余见自己的部队已经败退，忙令诸将重新组织兵力，但在兵败如山倒之际，众人已无心再战。而3万余名汉军却越战越勇，赵军士卒纷纷缴械投降，当了俘虏。曹参又在此时领着2000名精锐之士从赵军背后杀来，加入混战。

陈余只得领着败兵向河边逃去。韩信在阵中穿梭如风，令士卒分割包围敌军，不一会儿就将赵军全部消灭了。代王、赵国丞相陈余在混战中被杀，赵王歇也被汉军士卒生擒过来。韩信以3万汉军击溃了20余万赵军，大获全胜。

战役接近尾声时，韩信忽然下令：

"谁也不准伤害广武君李左车。谁能将其生擒过来，赏千金。"

不一会儿，几名士卒便押着李左车来到大帐。韩信急忙起身相迎，亲自为李左车松绑。李左车微微一笑，凌然说道：

"丞相不必如此。要杀便杀，李左车不愿做汉军的俘虏！"

韩信将李左车拉到上座，自己则退到下首，向上深深一躬，诚恳地说：

"先生满腹韬略，乃千古奇人。如果陈余采纳先生之计，韩信早已死无葬身之地了。如果先生不嫌弃，就请收下韩信这个愚陋的学生吧！"

李左车没想到韩信这么谦虚，不禁被韩信的真诚感动了。他慌忙走下座位，扶起韩信，叹道：

"如果陈余能像丞相这样虚怀若谷，赵国也不至于灭亡啊！"

韩信又让李左车东向而坐，自己坐在下首，与其讨论天下局势。

不一会儿，汉军诸将清扫完战场，拿着战利品来到大帐邀功。一位将军很不解地问韩信：

"兵书上说，行军布阵应该背山面水，而丞相却下令背水布阵，还对我们说打败了赵军再吃早饭。起初，我等皆以为丞相在说大话。但我等按照将军的部署行事，果然大获全胜，这是什么道理呢？"

韩信笑着说：

"兵法上确实说行军布阵应背山面水，但也有'陷之死地而后生，置之亡地而后存'的说法。你们想，我现在带的这支军队是新组建起来的。我对士卒们并没什么恩惠，他们不可能为我死战。只有将他们置于死地，他们为了自己的生存才会奋勇杀敌。不然，士卒都逃走了，我们的仗还怎么打呢？"

诸将听了韩信的分析，皆叹服道：

"丞相果然用兵如神，我等自叹不如啊！"

韩信谦虚地说：

"其实我们今日能够取胜完全出于侥幸。如果陈余采纳了广武君的计策，我等都要葬身此地了。"

诸将闻言，对李左车也佩服得五体投地，但更加佩服韩信的容人之量。李左车叹道：

"陈余不肯采纳在下的计策，乃是丞相之福啊！"

（四）

平定赵国后，韩信接下来的任务就是击燕伐齐了。想到这里，韩信领众将向李左车深施一礼，请教道：

"我打算北击燕国，东伐齐国，先生有什么高见？"

李左车慌忙起身，满面羞惭地说：

"我听说：'败军之将，不可以言勇；亡国之大夫，不可以图存。'如今在下已成为丞相的俘虏，还有什么资格和您讨论军国大事呢？"

韩信忙说：

"先生过谦了。春秋时期的百里奚本在虞国为官，后来随着虞国被晋国所灭而成为晋国的奴隶。秦穆公用5张羊皮将他从晋国赎出来，拜为大夫，结果百里奚帮秦穆公实现了称霸诸侯的千秋霸业。同样的一个百里奚，并不是在虞国时愚蠢而到了秦国就变聪明了，能否成就霸业，关键要看国君是否愿意采纳他的意见。足下乃千古奇才，如果陈余听从您的建议，韩信早已被俘；正因为陈余不肯采纳您的计策，韩信才得以侍奉在您的左右啊！"

李左车听了韩信的一番议论，深受感动。韩信接着又说：

"我是真心实意向足下请教，您就不要再推辞了。"

李左车见韩信一片真心，这才缓缓地说：

"俗话说得好，'智者千虑，必有一失；愚者千虑，必有一得。'所以说：'狂夫之言，圣人择焉。'虽然在下的建议未必可用，但仍愿为丞相尽忠。"

韩信忙趁机道：

"请先生不吝赐教！"

李左车分析说：

"陈余并非无能之辈，素有百战百胜之计，但一着不慎弄得满盘皆输，自己也兵败身死。由此可见，任何人在战斗中都需要谨慎，只能成功，不能失败。丞相率领数万士卒渡过黄河，一路灭魏擒魏豹，擒夏说灭代国，威名大振，如今丞相又一举攻下井陉，只用一个早晨的时间就大败20余万赵军，杀了陈余，俘虏了赵王。这一系列的胜利都让丞相的名声传扬四海，声威震动天下。各国百姓闻知丞相大军即将来临，无不放下农具，停止耕作，穿好的，吃好的，打发日子，等待死亡的来临，这正是丞相在策略上的长处啊！不过，眼下百姓劳苦，士卒疲惫，很难再发动大规模的战争了。如果丞相以疲惫之师北击燕国，势必会被坚固的城池所阻，陷入苦战。时间一长，丞相的粮草耗尽，而弱小的燕国不肯降服，齐国一定会拒守边境，以图自强。燕、齐两国不肯降，楚汉之争的胜负就不好说了。这些正是丞相在战略上的短处啊！"

韩信听了李左车的分析后，心下暗惊：

"广武君果然是千年一遇的奇才啊！如果不是他及时点醒我，我恐怕真的要犯错了。"

李左车见韩信陷入沉默，又接着说：

"我虽然见识浅薄，但也认为丞相攻燕伐齐乃是不智之举。善于带兵打仗的人，不会拿自己的短处去攻击敌人的长处，而是拿自己的长处去攻击敌人的短处。丞相应当以己之长击燕、齐之短，方能获胜。"

听罢李左车的建议后，韩信忙整理衣衫，向李左车深施一礼，说道：

"请先生教我该怎么做。"

李左车回答说：

"如果让在下为丞相作打算的话，不如按兵不动，先安抚赵国，抚恤阵亡赵兵的亲人家属；方圆百里之内，每天送来的牛肉美酒都用以犒劳将士。然后，丞相再整顿三军，开赴燕、赵边境，摆出向北进攻燕国的姿态，而后派出说客，拿着书信，在燕国显示自己战略上的长处，燕国必不敢不从。燕国顺从后，丞相再派说客往东劝降齐国，齐国定会闻风而降。即使聪明睿智的人，也不知该怎样替齐国谋划了。如果这样做，夺取天下的大事都可以谋求了。用兵本来就是先虚张声势而后再采取实际行动，我说的就是这种情况。"

韩信听完李左车的分析，连声赞道：

"好，好！先生的计策果然非同凡响。"

第十五章 欺心夺印

韩信在淮阴，少年相欺凌。屈体若无骨，壮心有所凭。一遭龙颜君，叱咤从此兴。千金答漂母，万古共嗟称。

——（唐）李白

（一）

平定赵国后，韩信采纳了广武君李左车的计策，并未立即领兵北击燕国，而是镇抚赵地，养精蓄锐。一段时间后，赵地百姓心悦诚服地归顺了汉王，韩信这才领兵北上，开赴燕、赵边境。

不过，韩信并不是真的要攻打燕国，而是派出一名伶牙俐齿的使者前去说服燕王臧荼。臧荼见韩信陈兵边境，心下极为恐慌，因此十分恭敬地接待了韩信派来的使者。使者向臧荼陈说了利害关系之后，臧荼毫不犹豫地投降了刘邦。这样，韩信没用一兵一卒，也没动一枪一刀，就迫降了燕国。

项羽闻知韩信接连破赵降燕，十分恐慌，立即分兵北上，骚扰赵地。韩信与张耳奔波救应，十分苦恼。为更好地镇抚赵地，韩信上表刘邦，请立张耳为赵王。对韩信所取得的巨大胜利，刘邦自然是喜不自胜，但同时也心怀恐惧。他担心万一韩信谋反，那将会是比项羽更难对付的敌人。好在韩信没请立自己为赵王，而是请立张耳为王，于是刘邦便做了个顺水人情，批准了韩信的请求。

韩信在北方战场连连获胜，但刘邦在与项羽的作战中却节节失利。刘邦驻守在荥阳，天长日久，粮草不继，不得不筑甬道北接黄河，从敖仓（秦汉时期重要的粮仓，在今河南省荥阳市东北）运粮。项羽见状，立即率轻骑在甬道周围出没，抢夺刘邦的粮草。

汉军粮草不足，无法固守，刘邦忧心如焚，立即召见群臣商议对策。诸将皆认为项羽勇猛，不可力敌，不如暂且求和，再作打算。刘邦苦思无策，只得派使者到楚营求和，企图以荥阳为界和项羽平分天下。

此时的项羽也被经年累月的战争弄得焦头烂额，且不说在荥阳一线与汉军对峙需要消耗大量的粮草，韩信平魏代、降赵燕也让他失去了侧翼的战略伙伴，而彭越在梁地的侵扰更是时刻威胁着楚国后方的安全。因此，当刘邦派人前来求和时，项羽便打算答应刘邦的请求。

然而范增闻知此事后，立即向项羽进谏说：

"刘邦野心勃勃，很难满足他的胃口。大王今天不乘势灭汉，将来一定会后悔的。"

项羽回想起过去几年发生的事，沉思良久，认为范增说得有道理，于是打消了与刘邦讲和的念头。

刘邦闻讯大惊，无助地对群臣说：

"只要范增在，我等皆休矣！"

陈平上前一步，低声对刘邦说道：

"大王不必忧虑，臣有一计可让项羽和范增反目。"

刘邦闻言大喜，立即屏退左右，只留下陈平。陈平对刘邦耳语一阵，刘邦连连点头，连连赞叹：

"妙计，妙计！"

几天后，项羽派使者向刘邦下战书。刘邦按照陈平的计策，设太牢之宴接待。使者进入大帐后，刘邦佯装吃惊的样子，说道：

"寡人以为是亚父的使者呢，原来是项王的使者啊！"

说着，刘邦便让左右撤下太牢之宴，换上一桌粗茶淡饭。使者满心不快，回到军营后便向项羽汇报了此事。

素来多疑的项羽遂对范增产生了怀疑，认为他私下与刘邦有勾结，于是剥夺了范增的兵权，并千方百计限制他。范增大怒，对项羽说：

"天下已经基本平定了，接下来的事就请君王自己料理吧！范增老迈无能，不能再侍奉左右，请大王允许我告老还乡。"

项羽毫不犹豫地答应了范增的请求。范增无奈地摇了摇头，叹道：

"你将来定会死在刘邦手上。"

简单收拾了一下，范增便带着几名随从往彭城方向而去。年老体衰的范增一路愁眉不展，再加上旅途劳顿，竟然一病不起，还没到彭城便在黯然神伤中离世了。

（二）

范增死后，项羽才逐渐意识到自己可能中了刘邦和陈平的反间计，心下极为懊悔。但刚愎自用的项羽绝不会将这种懊悔说出来。他只好按照范增生前做出的决议，立即领兵围攻荥阳。汉军苦战数月，不能突围，城中粮草又将要耗尽，刘邦更加忧心如焚，忙召见群臣商议对策。

部曲长纪信出列道：

"楚军围城甚急，我军苦战数月不得突围，长此以往，我等皆休矣！万望大王以社稷为重，和滕公等人从西门突围。"

刘邦叹了一口气，说道：

"谈何容易啊！"

纪信又说道：

"臣有一计可帮助大王脱险。臣的身材和相貌颇有几分像大王，臣愿假扮大王从东门突围，吸引楚军的注意力，然后大王可趁机从西门脱险。"

刘邦忙起身上前，拉住纪信的双手，惶恐地说：

"如此一来，寡人自然可以脱险，但你……"

纪信不等刘邦说完，"扑通"一声跪在地上，说道：

"汉军可以没有纪信，但不能没有大王。臣愿意以死酬谢大王的知遇之恩！"

诸将也趁机建议说：

"部曲长所言极是，汉军可以没有我等，但绝不可以没有大王。请大王以社稷为重，采纳部曲长的计策。"

刘邦沉思半晌，眼里噙着泪说：

"为难你了。"

众人商议已定，纪信便和刘邦换了衣服，又从城中挑选出2000名女子假扮成士卒，直奔东门而去。楚军见到刘邦的车驾后，一拥而上，将纪信团团围了起来。围攻西门的楚军听说刘邦从东门突围，也急忙赶过来。

纪信见状，令车夫停住车驾，然后缓缓从车上走下来，高呼道：

"寡人乃汉王也，愿意向项王投降！"

楚军士卒闻之，皆高呼万岁。项羽亲自领着诸将赶到东门，来接受"刘邦"的投降。然而当项羽看到眼前的人根本不是刘邦时，不禁勃然大怒：

"你是谁？竟敢假扮刘邦欺骗寡人！刘邦到哪里去了？"

纪信不慌不忙地说道：

"我是汉王的部曲长纪信，汉王已经从西门突围了。"

项羽愤怒不已，立即令士卒将纪信活活烧死。纪信虽然死了，但刘邦却趁这个机会领着数十骑从西门逃离荥阳，直奔成皋（今河南省荥阳市汜水镇西北）而去。

刘邦逃走后，御史大夫周苛、原西魏王豹、枞公等人奉命守城。周苛对枞公说：

"反国之王，不可守城。不如杀了魏豹，我们联合作战，击溃项羽。"

枞公深以为然，于是秘密杀了魏豹，与周苛联合守城。但他们并没能挡住项羽的攻势，汉军很快败下阵来，周苛与枞公也双双被俘。

项羽对周苛说：

"只要你肯投降，我就封你为上将军，食邑3万户。"

周苛大骂项羽为暴君，不愿投降。项羽大怒，杀了周苛，又将枞公推入枯井中活埋了。

刘邦从成皋奔回关中后，又迅速征发士卒数万余人，准备再返回荥阳与项羽鏖战。这时袁生劝刘邦说：

"大王和项羽在荥阳相距数年，苦战不得胜，不如向东南出武关，进入宛城，吸引项羽的注意力，减轻荥阳、成皋一线汉军的压力。与此同时，大王再令韩信用心经略赵地，北连燕国，东连齐国，从侧背攻打项羽。如此一来，楚军虽势大，但兵分数处，便不足为虑了。到那时，大王再回荥阳也为时不晚。"

刘邦认为袁生说得有理，便接纳了袁生的意见，从武关而出，前往宛城（今河南省南阳市宛城区一带）。当时，九江王英布正领兵驻守在宛城，于是刘邦便和英布合兵一处，共同抵抗项羽。

项羽听说刘邦到了宛城，果然引兵南去。刘邦坚壁不出，有意消耗项羽的粮草。正在这时，梁地的彭越在项羽背后捅了一刀。他领兵数万，直扑下邳。楚将项声、薛公领兵与彭越混战数场，损失惨重。

项羽闻讯大惊，急忙回师彭城，攻击彭越，刘邦这才得到了喘息之机，从容不迫地回到成皋。由于刘邦在荥阳、成皋一线屡败，韩信东伐齐国的计划也被迫向后推迟了数月。

（三）

项羽击溃彭越后，又引兵西进，直扑成皋。刘邦大惊，立即组织兵力迎敌。两军混战数场，汉军不敌项羽的军队，被迫退入城中坚守。

刘邦见势不妙，慌忙随同夏侯婴等人假扮成百姓，逃出成皋，直奔修武（今河南省修武县）而去。此时，韩信和赵王张耳正领兵驻守在修武，以随时应对来自楚军的骚扰。刘邦与夏侯婴小心翼翼地躲避着楚军的追击，昼伏夜行，直到六月才到达修武。

狡猾的刘邦并没有直接到营中去与韩信和张耳相见，而是悄悄地在驿站中住了下来。第二天凌晨，刘邦和夏侯婴又假扮成汉王的使者，悄然来到韩信的军营。驻守辕门的士卒不认识刘邦和夏侯婴，拦住了他们。

刘邦厉声道：

"我们乃是汉王派来的使者，你竟敢阻拦，该当何罪？"

士卒依然不依不饶，说道：

"请出示汉王的手谕。"

刘邦拿出自己的手谕，向士卒晃了晃。士卒见来人果真是汉王的使者，便道：

"二位稍等，左丞相和赵王应该还没起床，等我去通报之后再传唤你们。"

刘邦怒斥道：

"大胆，竟敢阻拦汉王的使者！如果耽误了汉王的大事，你可担待不起！"

士卒唯唯而退，不敢再拦。刘邦向夏侯婴使了个眼色，两人趁机分头闯入韩信和张耳的大帐，将韩信和张耳的兵符、令箭、将印等收了起来。然后，刘邦才召集诸将，表明了自己的身份。

诸将闻知汉王到了军中，慌忙来见。刘邦手持兵符和将印，调整了诸将的职位，然后才让人叫醒韩信和张耳。

韩信在睡梦中听说汉王到了军中，慌忙从床上爬起来，赶来相见。当他看到刘邦面前八仙桌上正放着自己的兵符、令箭和将印等物，心下大惊，不知如何是好。

刘邦微微一笑，说道：

"将军灭魏平代，定赵降燕，劳苦功高，寡人特来相贺。"

韩信忙向刘邦施礼，诚惶诚恐地说：

"臣不敢居功，这一切都是托大王之福。"

刘邦诡秘一笑，指着身旁的兵符等物说：

"由于敌众我寡，寡人在成皋接连受挫，希望左丞相将兵符、令箭和将印借寡人一用，调兵解救成皋之围。"

韩信忙道：

"大王言重了。军队乃是大王的军队，而非我韩信的，谈何借兵呢？"

刘邦装模作样地感谢了韩信一番，接着下令道：

"拨给张耳马步兵两千，北向经略赵地。"

张耳大惊，刘邦此举分明是要剥夺自己的兵权，但他却敢怒不敢言，只得拱手领命。

刘邦又转向韩信，大声说道：

"即日起，寡人拜韩信为丞相。命你立即组织新军，东向伐齐，以配合伐楚之战。"

韩信虽然对刘邦的安排有些不满，但出于报答刘邦对自己的知遇之恩，也毫无怨言地接受了这一新命令。

（四）

刘邦夺得了韩信的大军，有了底气，腰板顿时也挺得直了。此时项羽已攻破成皋，正欲引兵向西。刘邦一边令留在成皋附近的将领组织兵力在巩（今河南省巩义市）、洛阳一带据守，一边引兵临河，驻扎在小修武（今河南省获嘉县附近）之南，准备与楚军展开决战。

郎中郑忠见状，慌忙进谏说：

"如今敌强我弱，不可恋战。不如深沟高垒，以待时机。"

刘邦无奈地说：

"假如项羽一路向西，平定关中，寡人就失去根本之地了。"

郑忠指着东方说：

"大王何不派两名心腹大将前往梁地助彭越作战呢？彭越在梁地屡次起兵伐楚，均被项羽所败。如果大王肯助彭越一臂之力，何愁项羽不回师楚地？"

刘邦一拍脑袋，如梦初醒，连声道：

"多亏郎中提醒，否则寡人又要犯错了！"

于是，刘邦立即命卢绾、刘贾两位将军率两万步兵、数百名骑兵，从白马津（今河南省滑县北）渡过黄河，进入楚地，帮助彭越作战。彭越得到了卢绾和刘贾的帮助，兵威大振，连取十余座城。

与此同时，郦食其又自告奋勇请求去为刘邦说降齐王田广。刘邦明知韩信正在紧锣密鼓地准备伐齐之事，却莫名其妙地答应了郦食其的请求。或许，他是打算用外交和军事两种手段共同解决齐国之事吧！

韩信很快就组建起了一支数万人的部队。一切准备就绪之后，韩信引军东进，攻打齐国。齐王田广闻讯大惊，立即令田横率倾国之兵，前往历下迎战。

就在这时，郦食其抵达了齐国新都城临淄，向齐王田广陈说利害，最终说降了齐国。韩信得到这一消息后，心中不免犹豫起来。齐国都已归顺了刘邦，再领兵攻打人家似乎不大合适。但他又没从刘邦那里得到停止进军的命令，这该怎么办呢？

事实上，刘邦并没对郦食其抱有多大的希望，更何况在当时的形势下，各国诸侯都朝秦暮楚。即使齐王田广答应归顺刘邦，也不能说明什么。一旦楚军占据优势，他很可能会再次反汉降楚。从这一点来看，刘邦应该还是倾向于用武力一劳永逸地平定齐国的。或许正是由于这个原因，刘邦才没有向韩信下达停止进军的命令。

范阳（今北京市南部和河北省保定市一带）人蒯彻看出了刘邦的用

心，急忙向韩信献计。从史书上零星的记载来看，蒯彻是一位很有战略眼光的辩士，相当于战国时期的纵横家。大泽乡起义后，陈胜令大将武臣攻打赵地。蒯彻凭三寸之舌先说服了范阳令，使武臣未动一刀一枪便降服了30余座城池，由此可见蒯彻的辩术之利！

蒯彻开宗明义地对韩信说：

"丞相攻打齐国是遵汉王之命行事，而汉王又悄悄派使者劝降齐国，并不把派人劝降齐国的事告诉你，你难道不觉得这件事有些蹊跷吗？"

韩信恍然大悟，说道：

"如果不是先生点破，韩信还真没有意识到这一点。先生认为，韩信该怎么做呢？"

"既然汉王没有命令丞相停止进军，你为什么要止步不前？更何况，郦食其不过是一介书生，他凭三寸之舌就说降了齐国70余座城池。丞相率领数万大军，用了一年多的时间才攻下魏、代、赵等国的50余座城池。丞相为将多年，难道还不如郦食其这个儒生吗？"

韩信虽然认为蒯彻说得有道理，但仍有些犹豫不决。蒯彻见韩信犹疑不定，又劝说道：

"现在正是进攻齐军的大好时机。我听说田横、田广日日与郦食其饮酒高会，疏于防范。如果丞相此时渡过黄河，猛攻历下，齐军将在瞬间土崩瓦解。一旦错过这个机会，再想打败齐军就不容易了。"

韩信沉思半晌，回答说：

"先生所言极是。"

第十六章　平定齐国

孔明之初见昭烈论三国，亦不能过。予故曰：淮阴者非特
将略也。

——（明）唐顺之

（一）

汉高祖四年（前203）十月，韩信率领数万大军秘密渡过黄河，向
驻守在历下的齐军主力发起突然袭击。齐军毫无防备，被突然攻来的
汉军打得晕头转向，很快就败下阵来。

齐军败兵逃到临淄后，向齐王田广汇报说：

"大王，我们上当了！刘邦表面上派郦食其前来说降，暗地里却派
韩信猛攻历下。我军遭遇突然袭击，损失惨重，已经溃不成军了。"

田广大怒，立即召见郦食其。郦食其闻听韩信正在领兵攻打历下，
"扑通"一声跌倒在地，一句话也说不出来。田广觉得自己受了郦食
其的愚弄，怒不可遏，立即让士卒将其投入油锅烹了。

韩信在历下大败齐军主力后，立即挥兵东进，攻打齐都临淄。田广
和田横自知不是韩信的对手，慌忙向高密（今山东省高密市）逃去，
并商议向楚军求援。

随后，田横立即派使者前往荥阳向项羽求助。项羽立即命龙且为

将、周兰为副将，领兵数万，号称20万，东救齐国。

韩信早已料到楚军会来救援齐国，但没想到项羽会派20万士卒。于是，他立即召集曹参、灌婴等人商议对策。

曹参出列说道：

"启禀丞相，龙且之勇不在项王之下，九江王英布就曾败在他的手下。依臣看来，此人只能智取，不能力敌。"

韩信点了点头，若有所思地说：

"将军此言正合韩信之意。不过，要怎么智取呢？"

说完，韩信面对着齐国的地形图陷入了沉思。曹参、灌婴等人知道韩信正在思考破敌之计，不敢打扰，都悄悄退了出去。

龙且来到齐国后，立即与齐军合兵一处，准备与韩信大战一场。他手下的谋士劝说道：

"汉军远道而来，士卒尽心尽力，且又累胜，其势不可挡。而我们的士卒在本土作战，离家太近，都一心挂念家室，很容易溃散。不如深沟高垒，不与汉军正面接触，而让齐王派心腹之人前去招抚已沦陷的城池。沦陷区的百姓和官员如果知道齐王还活着，楚军又前来营救，必然会纷纷起来反抗汉军。汉军在客地作战，如果处处遇到抵抗，他们的粮草供应就会成为大问题。时间一长，汉军士卒就会因为食不果腹而向我们投降的。"

然而骄傲自大的龙且根本不屑采纳这一建议，而是冷冷地说：

"我认为韩信没什么了不起的。让我来对付他，简直有些大材小用。再说了，我率领大军前来救援齐国，如果连仗都不打，只用计谋来降服韩信的话，又怎么能显示出我的本领和功劳呢？如果我在战场上把他打败，至少可以得到半个齐国的封赏。既然这样，为什么要坚壁不出呢？"

（二）

几天之后，龙且便领着齐楚联军浩浩荡荡地开到潍水（河流名，今山东省潍河）之滨。当时正值枯水季节，潍水水势平缓，几乎可以徒步涉水而过。

韩信听说龙且领兵驻守在潍水东岸，心下大喜，立即召见曹参和灌婴等人。曹参和灌婴走进中军大帐，见韩信笑容满面，便知道他已想出了破敌之计。曹参急切地问道：

"丞相是不是已经想出了破敌之计？"

韩信笑而不语。灌婴在一旁说：

"这还用问吗？哈哈，请丞相分派任务吧！"

韩信向曹参招了招手，曹参会意，走上前来，俯身听韩信的吩咐。韩信在曹参耳边小声说了一阵，便让他退去了。灌婴见状，慌忙问道：

"丞相分派给我什么任务？"

"你明天跟着我就行了，一定让你杀个痛快！"韩信笑着说。

说完，韩信便传令三军，立即开赴潍水西岸。当天下午，汉军便开到潍水之西，与龙且的大军隔水相望。

半夜时分，曹参领着数千名士卒悄悄溜到潍水上游。临走时，曹参吩咐说：

"每人准备数条口袋，办不到的立即斩首。"

士卒闻言，立即在军营中搜集装运粮食的布口袋，每个人都带了好几条。等到了目的地，曹参又吩咐说：

"往口袋里装土，拦住潍水。"

士卒领命，立即热火朝天地干了起来。天蒙蒙亮时，曹参已在潍水上游筑起了一条大坝，将潍水拦腰截断。本来就不深的河水失去了水源，又变浅了许多。等到天亮时，汉军与齐、楚联军相持之地的河水仅仅只能没过膝盖了。

日上三竿之时，韩信令士卒击鼓挑战，亲自领着数千士卒涉水进攻。龙且见状，立即挥舞将旗，带领数万士卒向前迎战。然而两军刚刚接触，韩信又令鸣金收兵，退过了潍水。

龙且见状，不由大喜道：

"都说韩信有三头六臂，其实不过是一个胆小鬼而已！"

说完，龙且便让士卒涉水追击。韩信见汉军士卒基本都退到了西岸，便令人放起了狼烟。曹参在上游看见狼烟，大笑着喊道：

"兄弟们，让齐、楚联军洗个冷水澡吧！"

说完，曹参命令士卒扒开大坝，蓄了一夜的河水立即向下游奔涌而泄。等龙且发现河水暴涨之时，一切都已经晚了。只有数千士卒跟着他渡过了潍水，陈列在西岸，大部分齐、楚联军都被淹死在水中，渡到西岸的士卒也因自相践踏而死伤无数。

正在这时，韩信忽然将令旗一挥，灌婴领着数千精锐骑兵冲入龙且阵中。龙且根本不能抵挡，结果被灌婴一剑刺死，翻身落马。

齐、楚士卒见龙且已死，纷纷缴械投降，留守在潍水东岸的齐、楚士卒也纷纷向城阳逃去。韩信乘势渡过潍水，一路追击，终于在城阳全歼齐楚联军。齐王田广、田横见大势已去，便弃国而逃，投奔彭越去了。

就这样，韩信在潍水之役中以少胜多，全歼齐、楚联军，平定了齐国。

（三）

在韩信破齐之时，刘邦依然在荥阳一线与项羽对峙着。当时，彭越在梁地纵横驰骋，多次截断楚军的后勤补给线，项羽被扰得头疼不已。无奈之下，项羽只得从成皋一线脱身，回师攻打彭越。临走前，项羽吩咐大司马曹咎和塞王司马欣说：

"寡人要东击彭越，这里就交给你们了。如果汉军前来挑战，你等就坚壁不出，固守成皋。我在15天之内必定平定梁地，到时自会前来接应将军。"

项羽不愧为西楚霸王，他的大军一到，彭越、刘贾等人纷纷败退。不到10天的时间，项羽就收复了陈留、外黄、睢阳（今河南省商丘市睢阳区）等城池。刘邦闻讯大惊，自以为无法击败项羽，便又产生了与其分地而王的念头。张良等人劝说道：

"项羽虽然勇猛，但楚军易败。如今项王向东击彭越，只留下一部分士卒死守荥阳，何不趁机取荥阳，以就敖仓之食呢？"

刘邦采纳了张良等人的建议，令汉军开到荥阳城边，派人前去挑战。曹咎谨记项羽的吩咐，坚守不出。刘邦大怒，立即使出了损招，让几千名士卒列阵城下，不停辱骂曹咎和司马欣。开始时曹咎和司马欣还能忍耐，但到了第六天上午，曹咎实在被汉军骂得忍无可忍了。他咆哮一声，立即领兵杀出。

刘邦见状，立即令汉军退过汜水列阵。曹咎领兵紧追不舍，想要杀过汜水。等到楚军半渡之时，刘邦一声令下，汉军倾巢而出，杀得楚军片甲不留。曹咎见大势已去，提剑自刎而死。刘邦俘虏了司马欣，又乘势攻占了荥阳，筑甬道北连黄河，以取敖仓之粮。

正在睢阳作战的项羽闻知刘邦攻取了荥阳，大惊不已，立即回师救援。等项羽的大军赶到荥阳时，刘邦正领兵围困他手下的大将钟离昧。钟离昧死战不退，但已现出溃败之势。好在项羽及时赶到，救了他一命。

刘邦自知不是项羽对手，立即领兵退守广武（今河南省荥阳市广武镇）一带。楚军驻守在广武以东，刘邦驻守在广武以西。两军相持数月，项羽多次派人求战，刘邦均坚壁不出。

此时，彭越和刘贾等人又趁项羽西去之际在梁地攻城略地，切断了楚军的后勤补给线。项羽深以为忧，夜不能寐。

第二天，项羽令人在军营前放了一口油锅，将刘邦的父亲刘太公绑在一旁的柱子上。随后，他又派使者去汉军营中送战书，并对刘邦说：

"如果你不火速出战，我就要烹杀太公了。"

刘邦闻言，嘿嘿一笑，对使者说：

"你回去告诉项王，就说我与他均北面受命于楚怀王，并曾约为兄弟，我的父亲就是他的父亲。如果他要烹杀父亲的话，不要忘了分我一杯羹！"

项羽见刘邦如此无赖，更加气愤不已，但又无可奈何。此时的项羽已经被两线作战搞得筋疲力尽，急于要与刘邦速战速决。但刘邦就是不肯出战，项羽也苦于没有办法。因之前与彭越之战消耗了楚军的实力，韩信在齐国又斩杀了数万楚军，项羽手中的士卒已不足以围困汉军了。

几天后，项羽亲自来到阵前，派人喊刘邦答话。刘邦来到阵前，朗声说道：

"刘邦来了，项王有话请讲吧。"

项羽坐在马上，微微欠了欠身，高声说道：

"因为我们两个人的缘故，天下已经动荡多年。不如我们两人单挑，一决雌雄，不要再让百姓跟着受苦了。"

刘邦哈哈一笑，说道：

"寡人宁愿与你斗智，也不会与你斗蛮力的。"

项羽大怒，立即令一员猛将出阵挑战。刘邦也挑选了一名楼烦将领迎战。楼烦是中国西北地区的少数民族之一，皆善骑射。楚将刚刚出阵，那名楼烦将领便拈弓搭箭，一箭射穿了楚将的咽喉。

楚军诸将见状，愤怒不已，随后便又有一骑冲了出来。楼烦人又射出一箭，正中那名楚将心窝。楼烦人高声笑道：

"都说楚军战无不胜，攻无不克，我看是骗人的吧！"

项羽怒不可遏，大声问身边的将军们：

"谁敢为我杀了这个狂徒？"

一员大将应声而出，直奔楼烦人而去。楼烦人拨马便走，楚将紧追不舍。突然，楼烦人回身一箭，正中楚将的头颅。

项羽见状，大喝一声，纵马出阵，直奔楼烦人而来。楼烦人多次拈弓搭箭，想射项羽。项羽两眼圆睁，怒视着楼烦人，直瞪得楼烦人目不敢视，双手发抖，急忙返回阵中。刘邦觉得很奇怪，就问这名楼烦人：

"公屡屡得胜，为何突然奔回阵中？"

楼烦人回答说：

"来的是人项王，末将不能敌。"

刘邦闻言，不由惊叹道：

"项羽真是个神人啊！寡人还是早点离开阵前为妙。"

刘邦的话音刚落，一支箭迎面飞来，正中他的胸部。刘邦翻身落马，捂着脚高喊道：

"贼人射中我的脚趾头了！"

张良分明看到楚军的箭射中了刘邦的胸部，但刘邦却捂着脚高喊，心里十分纳闷。不过张良马上明白了刘邦的用意。刘邦这样做有两个目的：一是安定汉军士卒之心；二是演戏给项羽看，告诉他自己并无大碍。如果汉军将士知道刘邦深受重伤，士气定然会受到影响。而项羽若在此时出击，汉军必败。

张良等人将刘邦扶入大帐，附耳对刘邦说道：

"臣知道大王伤重，但仍不得不请大王强起劳军，以安军心啊！"

刘邦握着张良的手，噙着泪说：

"还是你想得周到啊！"

随后，刘邦在张良的搀扶下，强行在营中走了一遍，以便让汉军士卒看见自己"安然无恙"。士卒们见刘邦并无大碍，都高呼万岁。

回到大帐后，刘邦便因伤势过重晕了过去。张良等人立即秘密将刘邦送入条件相对优越的成皋养伤。

第十七章　韩信封王

观信智略如此，真有掀揭天下之心，不但兵谋而已也，所以谓之"人杰"。

——（明）董份

（一）

刘邦受伤后，项羽又掌握了荥阳一线的战役主动权。不过，楚汉之争的形势对项羽已经极为不利了。一个彭越在梁地反楚就已让项羽极度不安了，如今，韩信又平定了齐国，兵锋直指楚国心脏——彭城。项羽夙夜忧叹，席不安枕。

平定齐国之后，韩信便开始筹划着与项羽决战。目光敏锐的韩信知道，当前的形势虽然对汉军十分有利，但凭项羽的能力，要想扭转战局也并不是不可能的。所以，他必须在决战前作好充分准备，以求一战定天下。因此，他决定先巩固已取得的战果，然后再出兵伐楚。

齐国虽然被汉军占领，但因地域广阔，民风彪悍，再加上齐王田广、田横等田氏宗族逃亡在外，汉军在齐地的统治极不稳固。为加强对齐地的管理，韩信派人赶往成皋，向刘邦汇报说：

"齐国人狡诈多变，反复无常，齐国南面的边境又与楚国交界，如果不设立一个假王来镇抚，局势难以稳定。请求大王允许韩信为假王，替大王镇抚齐地。"

按道理讲，韩信帮刘邦攻下了魏、代、赵、齐等国，又迫降了燕国，功劳无人能比，请求刘邦立他为齐王也不为过，更何况只是个代理的假王呢？但刘邦素来对韩信不大放心，担心他拥兵自重，背叛自己。如今，韩信这一请王，定然也增强了刘邦对他的疑心。

果然，当使者将韩信的信递给重伤初愈的刘邦时，刘邦破口大骂："老子被围困在这里，日日夜夜都在盼望着你前来给我解围，可你反而乘机想要自立为王！"

站在刘邦跟前的张良、陈平等人连忙咳嗽几声，轻轻踩了一下刘邦的脚。刘邦看了看张良和陈平，立即意识到自己失言了。这时张良附在刘邦耳边，轻声说道：

"目前汉军处境不利，怎么能禁止韩信称王呢？不如就册立他为王，送个顺水人情，让他为大王镇守齐国，否则很可能会发生变乱。"

一听张良的话，刘邦马上后悔不该当着韩信派来的使者之面骂出上面的话。不过，刘邦一向善于应变，眼珠一转便想出了应对之策。他接着上面的话，又继续大骂道：

"大丈夫南征北战，平定诸侯，要当王就要当个真王，当假王有什么意思！这个韩信真是没出息！"

狡猾的刘邦虽然还在骂韩信，但话中的意思已经有了根本性的转变。他听从了张良、陈平的意见，立即派张良为使，带着齐王的印信前往齐地，正式封韩信为齐王。

立韩信为齐王并非出于刘邦本意，而是无奈之举。因此此后，刘邦对韩信的嫉妒便演化成为痛恨。他暗下决心，不管韩信日后是否对他赤胆忠心，他都要在夺取天下后给韩信一点教训。

张良来到齐地后，先是转达了刘邦对韩信的器重和信任之意，接着又为他举行了封王仪式。韩信并未意识到刘邦封他这个齐王乃是心不甘情不愿之事，高高兴兴地接受了分封，当起了齐王。

张良走时，韩信自然没有忘记要他转达自己对刘邦的知遇之恩和感激之情。当然，张良也没有忘记从韩信的营中挑选一些精锐之士带回荥阳一线，以增强刘邦的军事实力。

（二）

韩信被立为齐王的消息很快就传到了项羽的耳中。这位叱咤风云、不可一世的西楚霸王怎么也想不通，昔日一个在自己帐下披坚执锐的小郎中居然能跟自己分庭抗礼，当上了齐王。但事实俱在眼前，不容他不相信。

焦头烂额的项羽第一次感到了恐惧，他立即召集群臣商议对付韩信的办法。盱台人武涉为项羽分析了天下的形势，提出了项、刘、韩三分天下的建议。项羽觉得这个计划比较中肯，便派武涉为使，前去游说韩信。

武涉对韩信说：

"百姓长久地遭受秦王朝的残暴统治，这才导致群雄并起，共反暴秦。如今暴秦已亡，天下诸侯论功割地，分土而王，以休士卒。可是，汉王刘邦却再次兴兵大举东征，侵犯别人的土地，攻破三秦之后又领兵出关，纠合各诸侯的军队攻打楚国，这足以说明他不吞并天下绝不罢休啊！他竟然贪心不足到这步田地，简直太过分了！"

武涉所说的这些，韩信何尝不知道呢？他冷冷地注视着武涉，什么话也没说。武涉见状，以为可以说动韩信，便继续说道：

"汉王是个靠不住的人，他多次落入项王的掌握之中，是项王怜悯他，才让他活命至今。但是，他一旦脱离危险就会背弃盟约，再次进攻项王。像他这样不讲信誉、不讲义气的小人，实在不值得信赖呀！"

韩信见武涉越说越激动，便稍稍制止他说：

"足下不要激动，更不要出言不逊。"

武涉向韩信深施一礼，又继续说道：

"如今，足下自以为与汉王亲厚，尽心尽力为他东征西讨，他却未必真心待你。在下认为，足下终有一天会被汉王所擒。他现在之所以还没有对你下手，是因为项王尚存。现在，楚、汉相争的胜负关键就看足下了。足下帮助汉王，则汉王胜；帮助项王，则项王胜。如果您今天帮汉王打败了项王，刘邦明天就会对付您了。"

听了武涉的话，韩信沉声说道：

"我为汉王打下天下，他大概不会辜负我吧！"

武涉见韩信的语气不慎坚定，便摇头道：

"足下与项王有过旧交，何不反汉联楚，三分天下，自立为王呢？请足下慎重考虑，不要错失良机。在下认为，您助汉击楚并非明智之举。"

韩信听完武涉的一番话，沉思半晌，感叹道：

"我在项王的手下时，官不过郎中，位不过执戟，言不听，计不从。迫于无奈，我才背楚归汉。到了汉王那里，他拜我为上将军，让我统领数万大军。他还把自己的衣服给我穿，把自己的食物给我吃，对我言听计从。我韩信能有今天，都是汉王所赐。汉王如此信任我、重用我，我怎么能背叛他呢？即使是死，我也不会背叛汉王的，请阁下替我谢谢项王的美意吧。"

武涉还想再说什么，但见韩信态度坚决，终于没再说什么。

武涉离开后，蒯彻又来到韩信的大帐。深谙权术之道的蒯彻也清晰地看到楚、汉之争的走向全在韩信的一念之间，便想用相面之术来劝说韩信自立为王。蒯彻和韩信两人闲聊了一番，便聊到了相面之术上。

蒯彻说：

"臣曾经在一位高人那里学过相面之术。"

韩信很感兴趣，便问道：

"你是怎样替人相面的呢？"

蒯彻回答说：

"一个人的贵贱在于骨相，忧喜在于容色，成败在于决断。臣把这三个方面结合起来分析人的命运，向来很准。"

韩信笑着问：

"那你看我的面相如何？"

蒯彻向韩信施礼后，低声说道：

"请借一步说话。"

韩信会意，向左右挥了挥手：

"你们都退下吧！"

左右退下去后，蒯彻说：

"看大王之面，位不过封侯，而且又危而不安。但看大王之背，则贵不可言。"

韩信听出了蒯彻的话外之音，他所说的"面"和"背"实际上就是指忠于刘邦和背叛刘邦。韩信假装不懂，问道：

"此话怎讲？"

蒯彻见韩信装糊涂，于是干脆将话挑明：

"天下初乱之时，群雄并起，百姓云集影从，全是为了推翻暴秦的统治。如今暴秦已亡，但楚汉相争又让无罪之人肝脑涂地，父子骸骨暴于荒野郊外。人们早就厌倦了这样的战争。"

韩信叹了口气，缓缓说道：

"先生所言极是。"

蒯彻又接着说：

"项羽杀出彭城，转战多年，打了无数胜仗，一度威震天下，臣服诸侯。不过，他后来却受阻于成皋一带，无法西进，且这种情况已经持续多年了。与此同时，刘邦率领数十万大军，占据巩、洛一带的有利地形，一日数战，却无尺寸之功，反而连连失利，在荥阳遭遇惨败，又受伤走入成皋。由此可见，项羽和刘邦都已经智尽勇乏了。"

韩信听了蒯彻的分析，连连点头。蒯彻见状，以为自己可以说动韩信，便又说道：

"楚、汉两军长期受困于荥阳一带的险要关塞，士气受损，仓库的粮食也将消耗殆尽，百姓疲劳困苦，怨声载道，人心动荡，无依无靠。依臣看来，只有圣贤之人才能平定这场祸乱。如今，刘、项二王之命都悬于大王之手。大王协助汉王，汉王就能胜利；协助楚王，楚王就能胜利。我愿意披肝沥胆，敬献愚计，只恐怕你不采纳啊！如果大王愿听从我的计策，不如让楚、汉双方都不受损害，同时存在下去，你和他们三分天下，鼎足而立。"

（三）

听了蒯彻的这番话，韩信默坐无言，似有所思。蒯彻又趁机道：

"凭借大王的贤能圣德，再加上齐国广阔的土地和强大的军事实力，定能迫使燕、赵屈从。到那时，大王就出兵到刘、项两军的空虚地带，牵制他们的后方，顺应百姓的心愿，制止楚汉之争，保全百姓的生命，天下必然群起响应，谁敢不从？而后，大王乘势割取大国的疆土，削弱强国的威势，用以分封诸侯。诸侯一立，天下就会感恩戴德，归服听命于齐国。这样，天下就一步步被大王掌控了。所谓'天与弗取，反受其咎；时至不行，反受其殃'，请大王慎重考虑。"

蒯彻这番话说得十分明白，将利害关系也陈述得很清楚。不过，韩信依然无法接受，他对蒯彻说：

"汉王待我恩重如山，把他的车让给我坐，把他的衣服让给我穿，把他的食物让给我吃。人们都常说：坐别人的车就要分担别人的忧患，穿别人的衣服就应感怀别人的痛楚，吃别人的饭就得为别人的事业奉献生命。我怎么能因为自己的私利而背信弃义呢？我不能对不起汉王。"

蒯彻听罢，叹了口气：

"大王自以为和汉王交好，想建立流传万世的功业，我私下认为这种想法错了。当初常山王、成安君尚未发迹之时乃有刎颈之交，后来还不是反目成仇吗？常山王背叛项王，归降了汉王。汉王借给他军队向东进击，终于杀死了陈余。这两个人的交情，可以说是天下最要好的。然而到头来，却都想将对方置于死地，这是为什么呢？祸患产生于贪得无厌，而人心又难以猜测。如今您打算用忠诚、信义与汉王结交，一定比不上张耳、陈余的结交更加牢固，而横在你们之间的障碍也要多得多！所以，您断定汉王不会危害您，这种想法是错误的。当年，大夫文种、范蠡使濒临灭亡的越国保存下来，辅佐勾践称霸诸侯，功成名就，然而文种却被迫自杀，范蠡也被迫逃亡，这就是野兽死而走狗烹的道理啊！从感情上讲，你和汉王之间比不上当初的张耳和陈余；从对对方的忠诚信用上讲，大王也超不过文种和范蠡。想想这两个例子，大王就应该得到教训了。"

韩信听到这里，依然沉默不语。蒯彻有些着急，大声说道：

"我还听说功高震主的人是很危险的，肯定要遭到陷害；功劳盖世的人也不会得到相应的奖赏。大王之功天下无匹，世不二出，谁还敢收留大王呢？归附楚国，项羽不敢相信您；想归附汉王，刘邦也必然心存疑惧。处于人臣的位置上，功绩却比主上还高，这是很危险的事情啊！"

韩信听罢，沉默了半晌后，才缓缓说道：

"先生不要再说了，让我再好好考虑一番吧！"

几天后，蒯彻见韩信仍然无所举动，又对他说：

"听取正确的意见就是成功的先兆，真正行动起来才是成功的关键。一个人千万不能听错意见、打错主意啊！一个甘于受人驱使奴役的人，永远当不上帝王；安心于薄禄微官的小吏，永远得不到将相的高位。英明果断就能取得成功，犹豫不决定然会遭遇失败；纠缠细枝末节就会失去大的利益；明明有好的决定，却又不敢做，也要遭受祸患。所以说，再厉害的猛虎，在敌人面前犹豫不前，还不如蝎子、马蜂的刺刺人一下管用；再好的千里马徘徊不前，还不如一匹劣马稳步朝前迈步；再勇猛的武士迟疑不动，还不如庸夫的执著；即使有舜和禹的智慧，他不说出来，还不如让一个哑巴去当指挥。这些话都是很有道理的呀！一个人失败容易、成功难，机遇更是失易得难，机不可失，时不再来，大王不可不慎重选择啊！"

蒯彻尽了自己最大的努力，想让韩信背弃刘邦，自立为王，但韩信始终犹豫不决，不肯反汉。他觉得自己功勋卓著，刘邦应该不会将封给他的齐国夺走。蒯彻见韩信不肯听从他的建议，叹了一口气，转身离开了。从此之后，蒯彻便装疯卖傻，当起了巫师。

第十八章　逼绝霸王

气盖世力拔山，见公束手，歌大风思猛士，为之伤怀。

——（清）王志湉

（一）

韩信先后拒绝了武涉和蒯彻的建议，始终不愿拥兵背汉。韩信此举成就了刘邦的帝业，但也为自己掘开了坟墓之门。此时的韩信可能已经意识到了这一点，那他为什么还不愿背叛刘邦呢？或许，正如他对武涉所说的那样，宁死也要报答刘邦的知遇之恩。

武涉回到楚营后，向项羽汇报了韩信不肯背汉协楚之事。项羽无奈，立即传令三军，加强戒备，以防韩信从后背杀来。实际上，韩信所率领的齐军已开到了齐、楚边境，随时都在准备进攻楚国的心脏——彭城。

汉高祖四年八月，刘邦的箭伤已经痊愈。他见韩信的大军已开到楚国边境，便立即赶赴关中，征发新的士卒，加强广武一带的兵力，准备和项羽展开决战。此时的形势对汉军极为有利。首先，刘邦从关中地区征发了新的士卒，兵力有所加强，而项羽已无兵可征；其次，彭越、田横等人据守梁地，不时出兵侵扰楚军的后方，断其粮草，令项羽苦不堪言；最后，也是最为重要的一点，韩信以得胜之兵陈列于

147

齐、楚边境，时刻威胁着彭城的安全。如果楚、汉两军在此时展开决战的话，获胜的一方必定是刘邦。

不过，刘邦也不敢冒然而动。一方面，汉军士卒大多见识过项羽的神勇，对其依然心存畏惧；另一方面，刘邦对韩信极不放心，担心他会在关键时刻反戈一击。因此，楚、汉两军依然在广武一带长期对峙着。

时间一长，项羽兵疲粮乏，有些支撑不住了，于是他便派使者向刘邦求和，企图以鸿沟（古代的运河，大致走向是从今河南省荥阳市到太康县）为界，以西为汉，以东为楚，分而治之。项羽还提出，他会把刘太公和吕雉送归汉营。刘邦觉得这是结束楚、汉之争不错的选择，便答应了。

双方谈判结束后，项羽真的把刘太公和吕雉送到汉营之中，然后安心领兵而去，准备返回彭城。刘邦也下令，择日回师关中。但张良和陈平急忙出来劝止，他们对刘邦说：

"如今项羽引兵东去，毫无防备之心，正是消灭他的大好时机。否则等他恢复过来，再想打败他就不容易了。"

刘邦沉思片晌，觉得张良等人说得有理。不过，单凭他自己的实力还难以打败楚军，所以他还是有些犹豫。张良看出了刘邦的心思，便微微一笑，问道：

"大王是担心我们的兵力不足吧？"

"正是。"

"大王不必忧虑！单凭大王的实力，确实很难打败项羽。不过，我们还有韩信、彭越、英布可用。大王何不许以重利，广约诸侯，共击项羽呢？"

刘邦闻言大喜，立即派使者约彭越、英布、韩信等人共击项羽。不过，刘邦并没有明确表示事成后会给彭越、英布等人什么好处。

汉高祖五年（前202）十月，刘邦的大军暂停追击楚军，等待彭越、韩信与其会合。然而约期已过，彭越和韩信等人依然未到，刘邦有些着急了，准备单独作战。于是，他便领着汉军追到固陵（今河南省淮阳北）。项羽闻讯后万分恼怒，立即回师攻击汉军。两军混战一场，刘邦不抵项羽，被迫退入壁垒固守。

刘邦十分着急，便问张良：

"寡人与诸侯约定共击项羽，但诸侯不来怎么办呢？"

张良非常坦诚地说：

"大王没有明确给他们的好处，他们自然不会来。如果大王肯与他们共分天下，他们定会招之即来；如果不肯，那结果就很难预料了。倘若大王愿将陈以东到大海之地都封给韩信，将睢阳以北至谷城（今山东省东平县）都封给彭越，让他们为了自己的利益而战，楚军就很容易打败了。"

刘邦沉思了好一会儿，才回答说：

"那就这么办吧！"

张良立即按照刘邦的安排，派几名使者分别往梁地和齐地而去。彭越闻知刘邦许诺给自己这么多土地，心下大喜，立即对使者说：

"请回去告诉汉王，彭越立即发兵。"

韩信本来就打算攻击彭城，帮助刘邦的。如今，刘邦又许诺给他这么多土地，他怎能不按时出兵呢？

（二）

得到刘邦的命令后，韩信立即出兵攻击彭城，出现在楚军背后。与此同时，彭越也从梁地出兵，直奔项羽左翼而去；刘贾等人则从寿春（今安徽省寿县）出兵，经由城父，直奔项羽右翼而来。项羽四面受敌，慌忙退到垓下（今安徽省灵璧县东南）。驻守在舒（今安徽省舒城县）的楚国大司马周殷见项羽必败无疑，立即叛楚归汉，发兵攻打六，尽收九江之兵，往北而来，与刘邦会师垓下。

刘邦、韩信、彭越、刘贾等人很快就将垓下团团围了起来。这时，刘邦做出了他一生中最让人不可思议的决定：立即封英布为淮南王，统领周殷带来的楚军；另外还令韩信为总指挥，调遣各路诸侯的大军。

此时，项羽的手中仅有10万余人，而韩信统领的诸侯联军却有70万之多。垓下之战是韩信指挥的规模最大的战役，也是他第一次以优势兵力围攻敌军。

从理论上说，以70万精兵对10万筋疲力尽的败卒，孰胜孰负，一看便知。但韩信并没有掉以轻心，要知道，项羽之勇可敌万人，楚军士卒也大多可以以一敌十。当年的彭城之战，刘邦的56万诸侯联军就曾被项羽的3万精兵杀得落荒而逃。

韩信将诸侯联军分为三路：一路在左，由孔将军统领；一路在右，由费将军统领；一路在中，由韩信亲自统领。由于史书记载不详，现已无法获悉孔将军和费将军究竟为何人了。有历史学家称，历史上可能并没有这两个人，他们不过是韩信虚构出来的两个人物，其用意是迷惑包围圈中的项羽。

项羽被围困在垓下的第一天，韩信便自领中军前来挑战。项羽见韩信前来挑战，心情十分复杂。想当年，韩信不过是他帐下的一个郎中，而今却成了自己最强大的对手。想到这些，项羽不由感慨万千。

韩信没和项羽说什么废话，而是直接领兵冲了过去。项羽一马当先，冲进了诸侯联军的阵中。他左冲右突，所到之处无人能挡。韩信虽然知道项羽神勇，也曾亲眼见过他入阵杀敌，但看到他今天的样子依然不免心惊。两军混战一阵，诸侯联军渐渐不支。韩信见状，立即下令收兵，往后退去。

项羽纵马前来，紧追不舍，突然，孔将军从左面杀出，费将军从右面杀出。毫无防备的楚军猝不及防，顿时大乱。就在此时，韩信又领兵杀回，与孔将军、费将军合兵一处，共同攻击项羽。两军从上午一直杀到黄昏，士卒死伤无数，血流成河。

天色暗下来后，项羽见楚军渐渐不支，慌忙撤军。等退入军营时，他的10万大军只剩下数千残兵败将了，其余大多已被诸侯联军斩杀。

项羽停止了战斗，韩信也不追击，而是令士卒将楚营三面围住，只留南面让项羽突围。刘邦见韩信所布之阵，心中颇为不满，以为他有意要放走项羽。韩信也不辩解，只是说：

"大王请放心，臣明天自会将项王之头呈到帐中。"

刘邦瞥了韩信一眼，说道：

"寡人知道齐王用兵如神，攻无不克，战无不胜，但项羽不同一般的敌人，不可掉以轻心。"

"臣谨记大王的教诲。"

说完，韩信便将自己的计划向刘邦说了一遍。刘邦听完，微微一笑，这才高兴地说：

"此计最妙！"

（三）

夜渐渐深了，诸侯联军的士卒们按照韩信的安排，突然唱起了楚地的民谣。楚军士卒听到熟悉的歌声，无不思念远方的家人。听着听着，他们就情不自禁地流下眼泪。不一会儿，就有人跟着外面的歌声和唱起来。一个，两个……越来越多的楚军士卒加入到这场绝望的大合唱中。唱着唱着，楚军士卒纷纷丢下手中的武器，高举双手，循着诸侯联军的歌声走去。

项羽听到外面唱起楚地的民谣，大吃一惊，凄然说道：

"难道刘邦已经尽占楚国之地了吗？怎么他的士卒都会唱楚地民谣呢？"

项羽起身，令侍卫送来一壶酒和数样小菜，独自喝起酒来。他的爱妾虞姬见状，在一旁凄然落泪。她走到项羽面前，温柔地说：

"大王独饮无趣，就让贱妾给大王起舞助兴吧！"

项羽点了点头。

虞姬也唱起了楚地之歌，然后舞动起自己曼妙的身姿。项羽一边喝酒，一边看虞姬跳舞，不觉悲从中来，低声吟道：

"力拔山兮气盖世，时不利兮骓不逝。骓不逝兮可奈何，虞兮虞兮奈若何！"

虞姬听罢，更加心如刀绞，不由低声啜泣起来。她一边舞动水袖，一边和道：

"汉兵已略地，四方楚歌声。大王意气尽，贱妾何聊生！"

项羽起身向前，想要扶住虞姬，虞姬见项羽走过来，忽然伸手将他腰间的宝剑拔了出来，自刎而死。

这就是历史上著名的"四面楚歌"和"霸王别姬"的故事，不少文学家都曾以此为题，创作出了脍炙人口的爱情之作。

虞姬死后，项羽便令左右收拢残兵，准备突围。此时，大多楚军士卒已经向诸侯联军投降了，愿意跟随项羽的只有800余名骑兵。项羽想起当年和叔父在江东起兵时的情景，又看看眼前的800余名弟兄，心中不禁感慨万千，黯然落泪。

随后，项羽领着这800余名骑兵向南突围而去。韩信早已料到项羽会从南面突围，但他并没有立即派兵追击。

韩信为什么要这样做呢？或许他是念及旧情，有意要放项羽一马。如果真是这样，刘邦对他产生不满也是情有可原的。不过，这更能表现韩信的大丈夫本色。

天亮之后，有人向韩信报告说：

"项王已经从南面突围了。"

韩信佯装大吃一惊，立即命灌婴率5000名骑兵追击。项羽领着残兵一路狂奔，人困马乏，等到渡过淮河之时，身边只剩下百余人了。但渡过淮河后，项羽已经基本安全了。然而令人惋惜的是，项羽在逃到阴陵（今安徽省定远县西北）时突然迷路了。

项羽看到不远处的田地里有一个农夫正在耕种，便走上前问道：

"我是项王。现在汉兵正在追杀我，我在这里迷路了，请问我该从哪条路返回江东呢？"

农夫指着左边的一条路说：

"从左边走。"

项羽谢过农夫，领兵向左而去。没想到的是，项羽走了没多远就遇到一片沼泽地。项羽见状，不禁感叹道：

"寡人害死了太多的楚国百姓，他们都恨寡人呐！"

于是，项羽又领着残兵败将向东而去，抵达东城（今安徽省定远县境内）。此时，项羽身边只剩下28名骑兵了。由于在沼泽地里耽误了时间，灌婴一行此时已经追上项羽。项羽回顾数千汉军骑兵，自知难逃一死，便大声对身边的人说：

"寡人起兵至今已经8年有余，身历70余战，所当者破，所击者服，从未失败过，想不到今天竟困于此地！这是上天要灭亡我啊，而不是寡人作战不利！寡人今天固然难逃一死，但仍愿为诸君三胜汉军，斩将刈旗。"

项羽将所从28骑分为4队，向四面出击。灌婴将他们团团围住，不留一丝缝隙。项羽指着汉军的一名将军说：

"我为公等杀汉军一将。"

说着，项羽纵马而出，直奔那名汉将而去，所到之处无人能敌。那名汉将立即拨转马头，想要逃命。项羽追上前去，一剑将其刺死。

项羽的旧部杨喜此时正为汉军骑兵将领，奉命追击项羽。他见项羽斩杀了一名将军，便领兵追来。项羽怒目而视，斥骂道：

"你这背主之徒竟敢追击寡人！"

杨喜惊惧，不敢再追，急忙退兵数里。

（四）

一番混战后，项羽的队伍被汉军冲散了，分为三处。汉军不知项羽究竟在哪一处，便将三处楚军全都包围起来。项羽大怒，再次冲进敌阵，一阵乱杀，斩杀了汉军一名都尉及数十名士卒。楚军趁势杀出重围，聚拢在一处。

项羽清点了人数，只损失了两名骑兵。他扭头对身边的兄弟说：

"怎么样？"

众人皆俯身道：

"大王神勇，果然斩将刈旗，为我等兄弟出了一口恶气！"

项羽又领着残兵向乌江（今安徽省和县东）方向逃去，来到江畔后，只见乌江亭长早已撑船在那里等候他们了。乌江亭长对项羽说：

"江东之地虽小，但仍有千里之广，人口数十万，足以称王了。请大王火速渡江，前往江东。这一带只有臣有渡船，汉军追上来也没法渡江。"

项羽回头看了看身边仅存的26名兄弟，凄然说道：

"是上天要亡我项羽，渡江又有什么用啊？当年，项羽曾带着八千江东子弟渡江西去，而今竟无一人生还。就是江东父兄可怜我，不说什么，项羽又有什么脸面去面对他们呢？"

众人听项羽这样说，无不潸然落泪。过了一会儿，项羽拍了拍自己的战马，对乌江亭长说：

"寡人知道您是一位仁厚的长者。这匹马跟着我5年了，曾经日行千里，是一匹不可多得的良马。寡人不忍杀它，就送给你吧！"

说着，项羽令兄弟们翻身下马，持短兵迎战。项羽领着26名楚军将士，背依乌江，一字排开，仿佛27尊挺拔的雕塑。不一会儿，远处便扬起了滚滚烟尘，数千名汉军骑兵已经追到了江边。

项羽抱着必死的决心冲进敌阵，左冲右突，所到之处无人能敌。一番混战后，项羽斩杀了数百名汉军士卒，自己也身中十余刀。项羽回头看了看，自己的兄弟们都已悲壮地死去了，只剩下自己一个人了。

项羽仰天长啸一声，吓得汉军士卒纷纷后退。忽然，他在汉军士卒中看到了吕马童。吕马童姓吕，名伯子，曾是项羽的马童，所以人称吕马童。后来，吕马童投降了汉军，被刘邦拜为骑兵司马。

项羽指着吕马童，大笑道：

"这不是故人吗？"

吕马童对着汉军的另一名骑兵将领王翳说：

"他就是项王。"

项羽又大笑着说：

"我听说，刘邦以千金和万户侯购买寡人的项上人头。看在故人的面上，我就成全你吧！"

说罢，项羽便提剑自刎。王翳、杨喜、吕马童等人见项羽倒下，都一拥而上，争抢项羽的尸首。在争抢过程中，汉军将士们像发了疯一样，为得到项羽尸首的一部分，不惜刀剑相向，自相残杀。

最后，项羽的尸首被分成5块，王翳、杨喜、吕马童、吕胜、杨武各得一部分。后来，刘邦便将千金和万户侯等分为5份，分别赏赐给王翳等5人。吕马童被封为中水侯，王翳被封为杜衍侯，杨喜被封为赤泉侯，杨武被封为吴防侯，吕胜被封为涅阳侯。

项羽死后，楚国各地官吏纷纷归附刘邦，唯有鲁地（今山东省西南）百姓不肯降。刘邦想要领兵攻打鲁地，被韩信、张良等人劝止了。于是，刘邦便命人提着项羽的头颅到鲁地招降百姓。百姓们痛哭不止，不得已才向刘邦投降。

第十九章　将星陨落

破赵降燕汉业成，兔亡良犬日图烹。家僮上变安知实，史笔加诬贵有名。

———（北宋）韩琦

（一）

项羽死了，长达4年之久的楚汉之争终于以刘邦的胜利而告终。不过，这场胜利最大的功臣并非刘邦本人，而是汉丞相、上将军、齐王韩信。毫不夸张地说，大半个天下都是韩信打下来的。正如蒯彻所说的那样，韩信"戴震主之威，挟不赏之功"。

进入和平时期，这种"震主之威"和"不赏之功"正在一步步地将韩信引向死亡的深渊。不过，韩信当时还未意识到这一点。他想：只要我安心做我的齐王，汉王不会对我怎么样的。韩信的想法实在太幼稚了。项羽死后，刘邦绝不允许再出现一个项羽，他要削弱韩信等有功之臣的实力，将胜利果实牢牢抓在自己的手中。

因此，垓下之役刚刚结束，刘邦便飞马进入韩信的中军大帐，解除了他的兵权。对此，韩信并没有什么怨言。战争已经结束了，兵权理应归属最高统治者。然而，被解除了兵权的韩信就像是被拔了牙的老虎一样，再也没什么威慑力了。

汉高祖五年正月，韩信、彭越、韩王信、淮南王英布、燕王臧荼及张良、萧何等人上书刘邦，请求他加皇帝号。

刘邦假装推辞说：

"我听说有贤德的人才能做皇帝，徒有虚名是保不住皇帝称号的。所以，寡人不敢即皇帝位。"

韩信等人坚持道：

"大王虽然出身寒微，但却能诛伐暴逆，平定四海。如今，有功之人都得到了封赏，如果大王不即皇帝位，群臣怎能安心呢？臣等愿以死捍卫大王的皇帝位。"

刘邦假装再三推辞，但终于在群臣第三次请求他即皇帝位时说：

"既然诸位认为寡人即皇帝位有利于国家和群臣，那寡人就登上这个皇位吧！"

于是，刘邦便在定陶兴高采烈地登上了皇帝的宝座，定都洛阳（不久就迁往长安）。登基仪式刚刚结束，刘邦便宣布：齐王韩信本是楚国人，比较熟悉楚地的风俗，加封为楚王，都下邳；彭越加封为梁王，都定陶；韩王信仍为韩王，都阳翟；徙衡山王吴芮为长沙王，都临湘；淮南王英布、燕王臧荼（汉高祖五年十月谋反，被刘邦领兵打败，改立卢绾为燕王）、赵王敖（张耳此时已经亡故，其子张敖袭赵王爵）等爵位如故。在众诸侯中，唯有临江王共尉（共敖已故，其子共尉袭临江王之爵）不愿归顺汉王朝。刘邦便令卢绾、刘贾等人领兵击之。后来，共尉投降，被高祖皇帝杀害于洛阳。

众人得到了封赏，都十分高兴，唯有韩信心中产生了疑虑。按照刘邦曾许下的诺言，他应该将楚国之地加封给齐王韩信，而不是将韩信领有的三齐之地换成楚地。也就是说，韩信在垓下之战中彻底打败了项羽，不但没有得到任何封赏，实际权力反而被削弱了。韩信有些不解，不知刘邦为什么要这样对待自己。

不过，韩信也不是一个贪心之人。虽然刘邦没有将楚地和齐地一起封给他，但他也实现了自己的抱负，功成名就地当上了楚王。能够衣锦还乡，这是多少人的梦想啊！于是，韩信高高兴兴地踏上归途，往下邳而去。

在就国途中，韩信特地绕道来到故乡淮阴。看着熟悉的故乡，儿时的往事顿时一件件、一桩桩地浮现他的脑海中。他不能忘记慈祥的母亲，不能忘记孤苦的童年，更不能忘记他曾经受过的屈辱和冷遇。当然，他也没有忘记那些曾经帮助过他的人。

刚到淮阴，韩信就派人四处寻找曾在淮阴城边漂洗衣物的老妇、南昌亭长夫妇和那位曾让他受胯下之辱的少年屠户。很快，老妇人、南昌亭长夫妇和已年届中年的屠户便在侍卫的带领下来到韩信面前。

老妇见眼前的楚王竟是多年前在淮阴城边忍饥挨饿的少年，不禁感慨万千，俯身下拜。韩信急忙上前扶起她，深情地说：

"老妈妈还认得韩信吗？多年来，韩信始终不敢忘记老妈妈的活命之恩。如今，寡人已经贵为楚王，定要好好谢谢老妈妈。"

说罢，韩信将老妈妈扶到座位上，向她深施一礼，说道：

"请老妈妈受韩信一拜。"

老妇急忙还礼。随即，韩信宣布，赐给老妇黄金千金，以感谢她当年的活命之恩。

南昌亭长夫妇见韩信当上了楚王，又想起自己当年所做的事情，尴尬至极。不料韩信并没有责罚他们，而是赐给他们100钱，并说：

"你们只能算是不通人情大义的小人，做好事有始无终，不能坚持到底。"

那位曾让韩信受胯下之辱的屠户见到韩信后，吓得浑身颤抖不已，连忙跪在地上，哀求道：

"当年都怪小人有眼无珠，冒犯大王，求大王饶命！"

韩信笑着扶起他，对他周围的将士们说：

"这是一位壮士啊！当初他羞辱我时，我真的就杀不了他吗？不

158

过，杀了他也没什么意义。我就是因为忍下了那口气，才一步步走到今天的啊！"

说罢，韩信又宣布道：任命屠户为中尉，专职负责捕捉盗贼的工作。

（二）

处理完当年的恩恩怨怨之后，韩信便开始履行楚王的职责了。他学习古代诸侯的做法，先在领地上巡视一番，安抚百姓，劝课农桑，以便发展生产。他尽了自己最大的努力，希望能把楚国治理得井井有条，国富民强。

然而尽职尽责的韩信怎么也没想到，就在他全心全力地治理楚国时，一场灾难已经悄悄降临了。

韩信在项羽帐下当郎中之时，与楚军大将钟离眛建立了深厚的友谊。项羽战败后，钟离眛便前来楚国，投奔韩信。

汉高祖六年（前201），刘邦听说钟离眛在楚国，立即诏令韩信缉捕他。韩信心想：一个小小的钟离眛能对大汉王朝产生什么威胁呢？不如表面先答应皇上，暗地里让钟离眛得享天年算了。

于是，韩信表面上大张旗鼓地缉捕钟离眛，暗地里却将他藏了起来。忙活了一段时间后，韩信便上表说：

"钟离眛逃到民间，一时间无法抓获。等臣抓到他时，一定将其押解到洛阳，听候皇上处罚。"

狡猾的刘邦自然知道，这不过是韩信的托词而已，心中对他更加不满。

就在这时，韩信组建了一支军队，出入皆陈兵。在天下初定之时，地方上治安混乱，韩信组建军队维护自身的安全也在情理之中。但刘邦却抓住这一机会，硬说韩信要谋反。

一天，刘邦突然对陈平等人说：

"现在有人上书举报韩信想要谋反，你们看这件事该如何处理？"

聪明的陈平没有直接回答，而是反问刘邦道：

"皇上打算怎么办？"

刘邦略一沉思，回答说：

"朕想发兵讨伐他。"

陈平笑了笑，又故意问道：

"有人上书告韩信谋反，有别的人知道这件事吗？"

"没有。"

"那么，韩信他本人知道吗？"陈平又问。

"不知。"

陈平心里已经明白，所谓有人举报韩信谋反不过是刘邦的诡计罢了，这说明刘邦是想除掉韩信了。于是，陈平又问：

"陛下之兵与楚军相比如何？"

刘邦叹息一声，说道：

"朕之士卒不如楚兵勇猛啊！"

"陛下之将与韩信相比如何？"陈平又问。

"没人能比得过韩信。"

陈平这才缓缓说道：

"既然陛下之兵不如楚兵精良，陛下之将又都比不上韩信，这时出兵攻打楚国不是很危险的事吗？"

刘邦听罢，诡秘一笑，低声说道：

"所以朕才问你该怎么办啊！"

陈平略一沉思，附在刘邦耳边，低声说道：

"古代天子巡视诸侯之国，诸侯必须前来拜见。南方有个叫云梦（今湖北省云梦县）的地方，非常适合狩猎。陛下何不假装到云梦狩猎，同时昭告天下诸侯，让他们到陈相会呢？陈刚好位于楚国边境之上，韩信听说陛下要去云梦游猎，定会前来拜见陛下。到那时，陛下想要抓他，只需要一名武士就够了。"

刘邦听了陈平的计策后，连声赞道：

"妙计，妙计！"

于是，刘邦决定伪游云梦，捉拿韩信。由此可见，韩信谋反是假，刘邦要除掉他才是真。如果韩信真准备谋反，刘邦又怎么能以身犯险，到楚国的边境去呢？

（三）

韩信听说刘邦要到云梦游猎，立即召见群臣商议对策。有人说：

"陛下游猎云梦，召集天下诸侯在陈相会，大王应该前往拜见。"

另一些人则持反对意见，对韩信说：

"陛下素来对大王存有戒心，如今突然要召见您到陈相会，恐怕不单单是游猎那么简单。"

韩信也知道刘邦对他一直心存芥蒂，但他是个很重情义的人，始终无法忘记刘邦对自己的知遇之恩。因此一时之间，聪明一世的韩信居然方寸大乱，不知道该怎么办了。

就在这时，有人向他建议说：

"皇上必定是因为大王不肯诛杀钟离昧而怪罪于你，何不杀了钟离昧向皇上邀功呢？"

韩信迟疑不定，便去找钟离昧商议对策。钟离昧一听有人建议韩信杀自己向刘邦邀功，勃然大怒，问道：

"大王是怎么想的？"

韩信凄然道：

"寡人的脑海一片混乱，毫无对策。"

钟离昧指着韩信的鼻子大骂道：

"刘邦不敢发兵来打你，就是因为怕我帮助你造反，而你居然想杀了我去讨好刘邦。我今天死，你明天也会被害！"

韩信默默地看着钟离昧，一句话也说不出来。钟离昧见状，叹了一口气，大声说道：

"大王没有长者的风范啊！"

说完，钟离昧拔剑自刎。看着钟离昧的尸首，韩信羞愧难当，黯然离开。他手下的人见状，提刀斩下钟离昧的头颅，提到了楚王府。

几天后，韩信便带着几名随从，提着钟离昧的人头到陈拜见刘邦去了。然而韩信刚进入刘邦的大帐，就被埋伏在左右的武士抓了起来。

韩信高呼道：

"皇上为何如此待我？我已经为大王诛杀了钟离昧。"

刘邦笑道：

"一个钟离昧算什么？寡人抓你绝不是因为钟离昧之事，而是因为有人举报你谋反。"

韩信大声争辩：

"臣对皇上忠心耿耿，日月可鉴！"

刘邦没再说话，只是挥挥手，示意武士将韩信关押起来。韩信边走边愤慨地说：

"臣听说：'狡兔死，良狗烹；高鸟尽，良弓藏；敌国破，谋臣亡。'今天天下已经平定，我自然是应该下油锅了！"

听了韩信的这番话，刘邦心里也有些酸楚。他看着韩信的背影，喃喃地说：

"不是朕无情无义，实在是有人告你谋反呀。"

抓住韩信之后，刘邦也不到云梦游猎了，而是直接开赴东都洛阳。到洛阳后，刘邦又假惺惺地赦了韩信之罪，将其贬为淮阴侯。

在短短几天之内，韩信就由王降为侯，而且他这个"侯"还与别的侯不一样，别的侯有自己的封地，他却只有俸禄没有封地，这其实就是被刘邦软禁在都城中的俘虏而已。

至此，韩信终于看清楚了刘邦的嘴脸，但一切都晚了。他知道，刘邦是忌惮他的才华和能力，唯恐他成为第二个项羽。但他从未想过要谋反啊！想到这里，韩信摇了摇头，喟然长叹：

"看来，只要我韩信活着一天，皇上就不会安心。"

从此之后，韩信便称病不出，尽量减少与刘邦的正面接触。他也不敢和其他将军、大臣们过往太密，一来怕引起刘邦猜忌，二来也实在不知该如何和曹参、灌婴等人相处。这些人都曾是他手下的大将，而今自己居然和他们并列为侯，这怎能不让他羞愧难当呢？

不过，除了刘邦和陈平等人不大待见韩信外，朝中的其他文臣武将还是很尊重韩信的。毕竟他是汉朝的第一开国功臣，为刘邦打下了半壁江山。有一次，韩信路过樊哙的府第，顺便进去坐了一会儿。樊哙见到韩信，急忙双膝跪地，朗声道：

"大王肯驾临臣的府第，真是臣之荣幸啊！"

"将军不必行此大礼。如今你我爵位相同，韩信受不起这等礼节啊！"

当时，樊哙的爵位是舞阳侯，与韩信平起平坐。但由于他是吕后的妹夫，也是汉王朝中为数不多的实权人物，因此政治实力比韩信强了不知多少倍。樊哙仍对韩信迎送行跪拜大礼，尊称韩信为"大王"，自己谦称为"臣"，可见韩信在短短几年的军事生涯中所建立起来的威望是何等之高！

韩信离开樊哙的府第时，摇头苦笑道：

"想不到我这一生竟要和樊哙等人为伍了，可悲呀！"

（四）

刘邦见韩信有意躲着自己，心里稍稍踏实一些。不过，韩信一天不死，他就一天不能安心。但韩信又没犯什么罪，贸然杀他定会让其他诸侯不满，激起天下人反抗。于是，他便给韩信安排了一个闲差——和张良一起整理古代的兵书。据说，韩信在整理兵书的同时，还根据自己数年带兵打仗的经验撰写了《韩信兵法》三卷。只可惜，《韩信兵法》已经失传，今天已无法窥其真貌了。

刘邦称帝后，并不是只打击韩信这一个功臣。除韩信之外，他还处心积虑地削弱异姓王，以巩固刘氏江山。他的这些做法无疑也激起了一大批人的反对。

汉高祖七年（前200），韩王信于太原谋反，刘邦亲自率兵平定。汉高祖八年（前199），赵国丞相贯高等人趁刘邦出巡之时发动兵变，准备谋杀刘邦，但未成功。这一系列的事件促使刘邦加强了打击地方势力的决心，同时也对韩信更加不放心了。虽然此时的韩信已经一无所有，可他仍觉得韩信是个威胁。

据《史记·淮阴侯列传》记载，韩信在汉高祖八年左右也曾产生过谋反之心。当时，陈豨被刘邦封为列侯。在他即将起身，准备以赵国相国身份前往赵地统领赵、代之军时，韩信为其践行。两人屏退左右，到庭中散步。韩信仰天长叹道：

"先生可以成大事吗？韩信有话要和你说。"

"将军尽管明言。"陈豨回答。

韩信说道：

"明公所居之地乃是出精兵的地方，而你又是皇上宠信的近臣，如果有人说你谋反，皇上定然不信。等到再有人说你要谋反，皇上才会产生疑心。到别人第三次举报你谋反时，皇上定然会亲自领兵前往镇压。这些，就是你起兵自立的有利条件。韩信不才，愿意在京中配合明公起事，谋取天下。"

陈豨一向对韩信的雄才大略佩服得五体投地。他见韩信愿意帮助自己起事，立即答应下来。

汉高祖十年（前197），陈豨果然在赵地谋反，刘邦亲自领兵前往镇压。刘邦出兵之时，韩信患病在身，不能相随，便留在京都长安。而当刘邦和陈豨打得难分难舍之时，韩信则秘密派人前往赵地，对陈豨说：

"我将在京师举兵响应明公。"

于是，韩信便与家臣日夜商议起兵之事。他们打算矫诏大赦京师各高官的家奴，将其组织起来攻打吕后和太子刘盈。韩信部署好后，便安心等待陈豨的消息。

然而汉高祖十一年（前196），韩信府上的一名家奴犯了罪，韩信将其囚禁起来，准备处死。家奴的弟弟由此怀恨在心，便跑去告诉吕后，称韩信将要谋反。

吕后闻讯大惊，立即召见萧何商议对策。当年，韩信从汉营中逃走，正是萧何把他从半道上追回来的。如今，韩信要谋反，要对付他的也是萧何，所以后来才有了"成也萧何，败也萧何"的说法。

吕后对萧何说：

"本宫想要召韩信进宫，但又怕他不来，你有什么办法？"

萧何略一沉思，回答说：

"不如诈称皇上已经平定陈豨之乱，召群臣入宫相贺。"

吕后点头应许。

萧何领命出去后，立即来到韩信府上，韩信急忙出门相迎。不管怎么说，萧何都可以说是发现韩信这匹千里马的好伯乐。正因为有了萧何，韩信才得以被刘邦拜为上将军，成就了不世之功。所以，韩信一直都对萧何十分恭敬。

韩信将萧何领到前厅，恭敬地问：

"明公此来何事？"

萧何回答说：

"皇上已经击溃陈豨，正准备班师回朝。将军虽然身体有恙，但还是请你勉强入宫相贺。"

韩信略一沉思，便点头答应下来。

第二天，韩信独自来到皇宫。刚一迈入大殿，吕后便命左右武士将韩信绑了起来，推入长乐钟室。韩信这才反应过来，自己是中了吕后和萧何的算计了。他不禁仰天长叹道：

"真后悔当初没有听从蒯彻的建议，拥兵自立啊！想不到，我今天竟会死在一个女子的奸计之下，这就是命啊！"

吕后根本不给韩信辩说的机会，立即命人将其斩杀于长乐钟室之中。就这样，身怀奇才大略的韩信走完了他辉煌而又短暂的一生，年仅33岁。不久，刘邦班师回朝，发现韩信已被吕后所杀，在高兴之余尚有几分怜惜。高兴的是，韩信死了，他再也没有后顾之忧了；怜惜的是，韩信毕竟是一代奇才，就这样死了，实在有些可惜！

韩信生平大事年表

约公元前228年前后　韩信出生于楚国淮阴县（今江苏省淮安市）境内的一户农家。

公元前223年　秦灭楚国，以其地置楚郡。

公元前221年　秦灭六国，统一全国。

公元前209年　陈胜、吴广于大泽乡起义，为坛而盟，称大楚。同年，项梁、项羽也于会稽起兵反秦。项梁、项羽率领8000名子弟兵渡江西去，准备攻打暴秦。

公元前208年　韩信加入项梁起义军中。同年，项梁败亡，韩信又转隶项羽，但不受重用。

公元前207年　项羽杀宋义，自立为上将军。同年，项羽大破秦军于巨鹿，诸侯皆属项羽。

公元前206年　刘邦进军灞上，秦王子婴投降，秦朝灭亡。韩信弃楚归汉，初为连敖，再为治粟都尉，后拜大将军。

公元前205年　刘邦退守荥阳，韩信由关中驰至，连破楚军于京、荥之间。刘邦拜韩信为左丞相，令其率兵击魏，魏王豹被俘，魏地尽定；后又进兵击赵，破代军于邬县，擒斩夏说于阏与。

公元前204年　韩信兵出井陉口，背水布阵，大破赵军，斩陈余，俘赵王歇。同年又率军进军齐国。

公元前203年　韩信大破齐国，被刘邦立为齐王。同年斩楚将龙且于潍水，大破楚军20万。

公元前202年　韩信挥军南下，袭占彭城，转锋西上，与刘邦会师。十二月，垓下决战，韩信又大破楚军，项羽兵败而逃，于乌江自刎。同年，刘邦即皇帝位，建立汉朝，加封韩信为楚王。

公元前201年　刘邦会诸侯于陈，擒拿韩信。韩信被徙封为淮阴侯，闲居长安，编次兵书、著作兵法、修订律例。

公元前196年　一代军事奇才韩信被吕后以"谋反"之罪斩杀长乐宫钟室内。